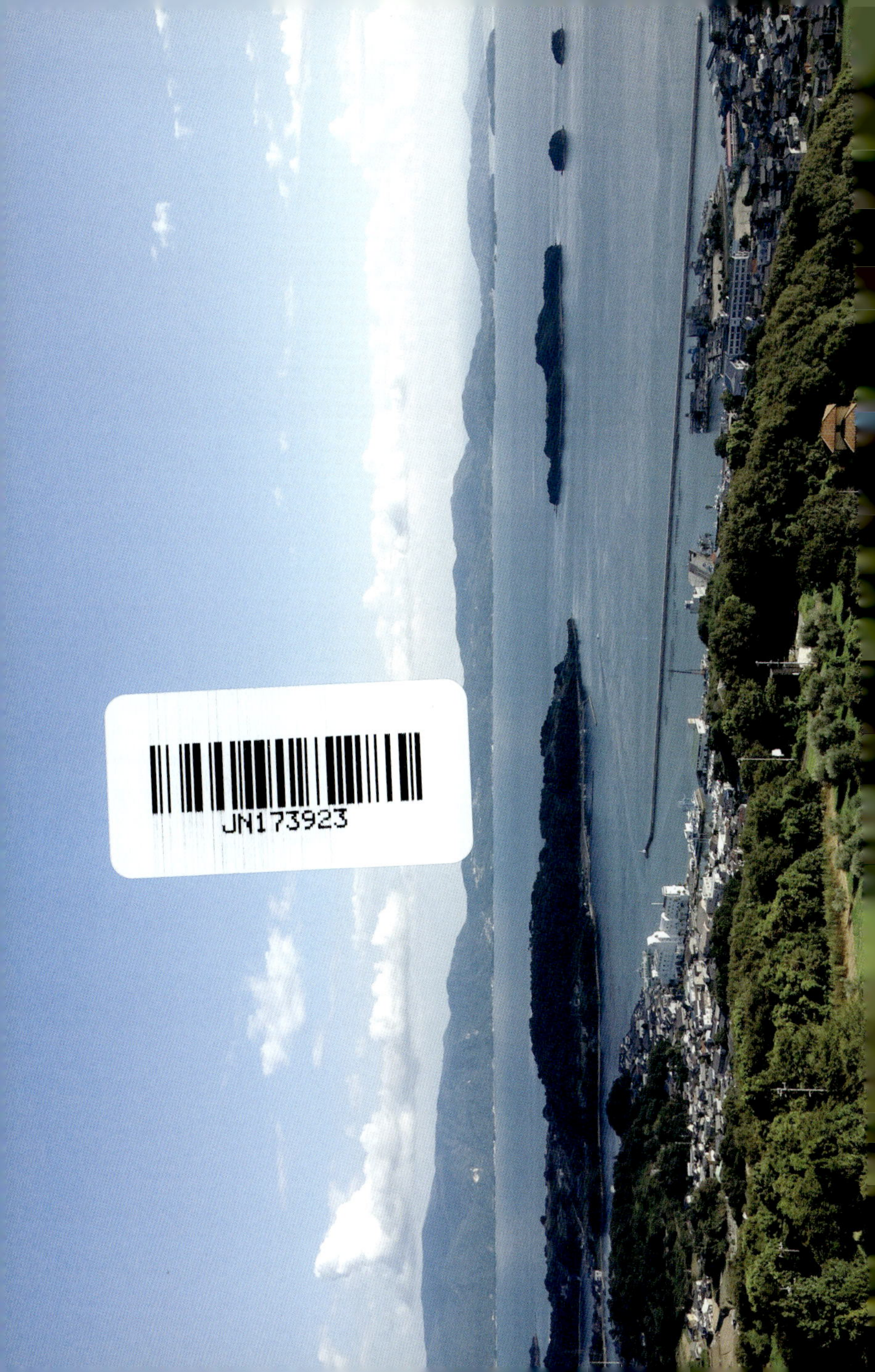

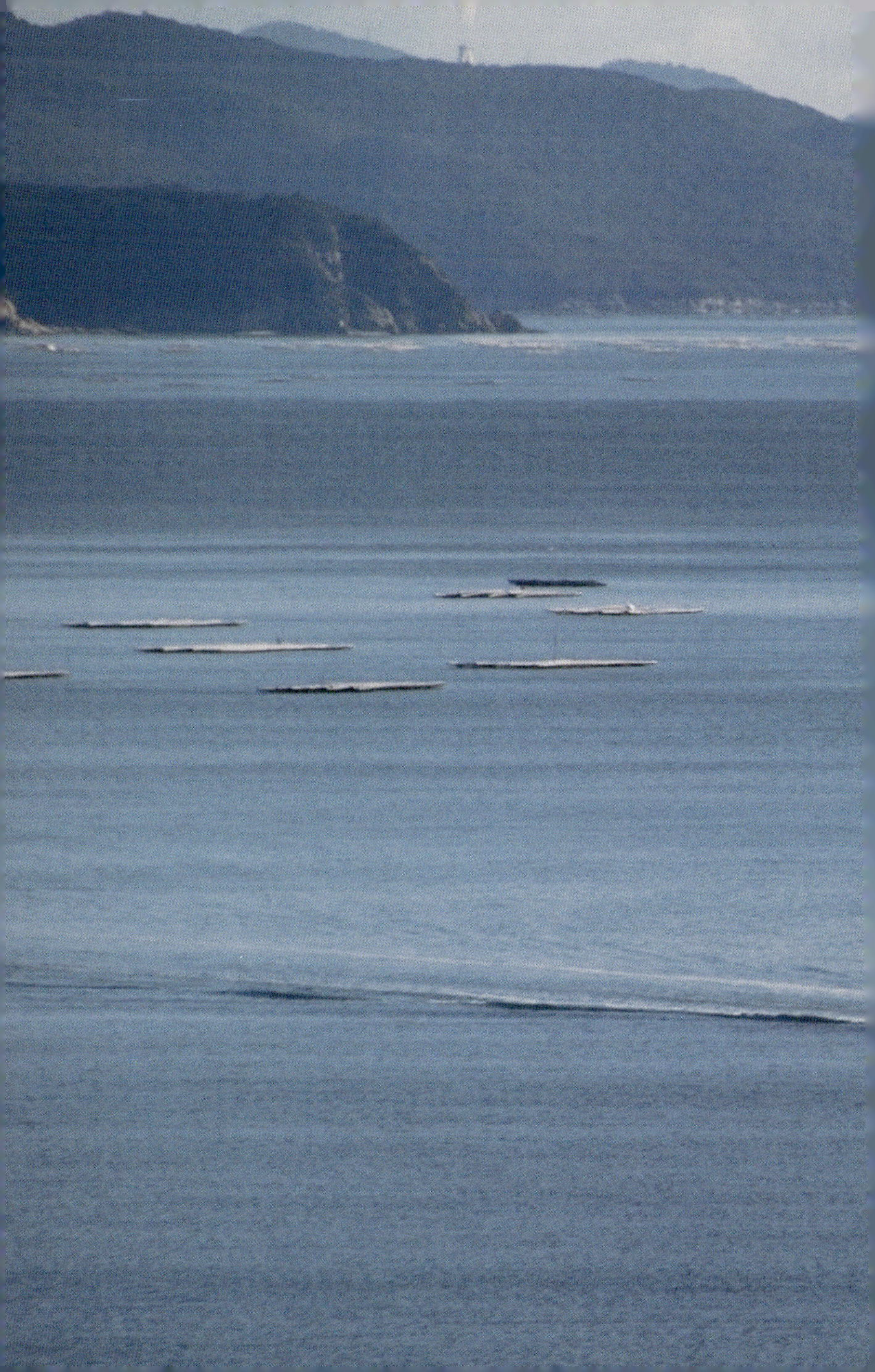

観察する男

映画を一本撮るときに、
監督が考えること

想田和弘 著
ミシマ社 編

本書について——編集部より

想田和弘監督による観察映画第6弾『牡蠣工場《かきこうば》』が完成しました。

想田監督の観察映画づくりの大きな特徴のひとつは、計画がほとんどないこと。今回も撮影前に決まっていたのは、「牛窓《うしまど》（岡山県）で漁師を撮影する（たぶん……）」ということくらいで、テーマも、台本も、キャストも、何日撮影するかも、取材をしていてこちらが不安になるほど、あらゆることが決まっていませんでした。

もうひとつの特徴は、カメラを回すのも、音声を録《と》るのも、想田監督が自ら行うということです。つまり、想田監督がカメラを通して観たもの、聞いたものだけが、映画の素材になるのです。

本書は、映画製作過程での取材の記録と、そのときどきに想田監督が綴った文章を、時系列に並べたものです。いわば、「観察映画を製作する想田監督を観察する」という、メタのメタのような取材記録です。

目次

◎本文中の註※は、章末に説明を入れています。

I

第1回取材

〔撮影前〕

取材日：2013年11月2日

@世田谷美術館

1　舞台はなぜここなのか？

牛窓は僕が知っている田舎じゃなかった

妻・柏木規与子《きよこ》のお母さん（柏木廣子《ひろこ》）の出身地が岡山県瀬戸内市の牛窓というところで、海辺の町なんですよ。すごく古くて万葉の頃からある町です。細い路地が入り組んでいて、車もなかなか入れないようなところに古い日本家屋や蔵がまだ残っていて。

だけどやっぱり近代化からは取り残されてしまって、交通の便が悪いし過疎化が進んで、今は主にお年寄りしか住んでいないような、そういう町です。でもかつては栄えていて、江戸時代には朝鮮通信使が寄港してそこで休んだような、格式の高い港町。

２０１２年の夏、僕は映画『演劇１』『演劇２』のマスコミ取材を受けるために日本に一時帰国したんですが、そこから劇場公開が始まるまでの間、ぽっかり1カ月くらいあいてしまいました。

普段はニューヨークに帰ったり、別の場所に行ったりするんですけど、「なんかそれも面倒だなぁ」と思いながら、思いつきで「どこか日本で1カ月くらい滞在できるところないかね？」と。「どうせ滞在するなら都会のマンションとかじゃなくて、自然のあるところがいいな」なんて思っていたら、規与子のお母さんが「牛窓の見戸《みと》さんという同級生の屋敷の離れが、ちょうど空いたとこじゃ」と言うので、「じゃあ、そこをお借りできますか」と言って貸していただいたわけです。そうしたらその経験がすごくよくてですね。

僕は栃木県の足利《あしかが》市という田舎町の出身なんですけど、牛窓は僕が知っている田舎じゃなかった。僕が知っている田舎というのは、新興住宅地のはしりというのか、田んぼを埋め立てたところに家がありました。ということは、基本的には車を前提とした街なんですよね。家と家の間にある程度スペースがあるし、車が通れるような道が最初からつくられている。田園風景の中にそういう人工的な住宅地ができていて、そこで僕は育っているのですが、そこで感じる「田舎」とまったく違う感じが牛窓にはあって。

牛窓は車を前提としない世界の中で形成された町なので、道が狭くて、家と家の間がものすごく近い。あと、見戸さんのお家は築150年の日本家屋なのですが、おそらくまったく防音という観念がなくて、あらゆる音が聞こえてくるんですね、四方八方から。

往来を行く人たちの話し声とか足音とか、台所で包丁を使う音とか波の音とか、木造の家が振動することによって、たぶん音が増幅されるんです。だから、なんていうんですかね、まったくプライバシーがどうのとか、そういう世界じゃないんですよ。周辺の環境と常につながっているような、不思議な感覚でした。

おそらく日本人はずっとそういう感じで生きてきたはずなんだけど、僕にはものすごく新しい感覚でした。何かサラウンドスピーカーで外の音をずっと聞いているような感じが、とても心地いい。

逆に、たとえば東京のマンションでは、隣の部屋の音なんかは全然聞こえてこないですよね。個々の部屋は狭いので、物理的にはものすごく近くに隣の人がいるはずなのに、その気配すらしない。それは防音設備が整っていることを意味するわけで、普

牛窓の路地

通は肯定的にとらえられるわけだけど、見方を変えれば、世界の中に自分だけが隔絶されたような、そういう感覚に陥る入り口でもあると思うんです。牛窓にはそれがないというか、正反対でした。

おもしろいなと思って、この町やこの環境に興味が出てきて。味をしめて、２０１３年の夏も牛窓で夏休みを過ごしたんですね。

漁師って、需要があるのに儲からないの？

そのうちに「やっぱり、ここで映画を撮っておいたほうがいいんじゃないかな」と。本当に漠然としているんですけど。

とくに、借りていた家の目の前が港になっているのですが、そこに小さな漁船が何隻も停泊しているんです。毎日漁船が出入りするのを見ていると、漁船に乗っているのはみんな70代、80代のおじいさん、おばあさんでした。聞けば、みんな後継《あとつ》ぎがいない。ということはたぶん、今はまだみなさん細々と漁業をやっておられるんですけど、そのうち誰もやらなくなるんですね。もしかすると、この10年以内くらいに、牛窓で漁業をやる人がほぼいなくなる。

聞くところによると、瀬戸内海の魚もすごく減っているそうです。かつてはものすごく豊かな漁場だったと言われているのですが、魚の減り方がひどい、と。「昔のようには全然獲《と》れない」とみなさんおっしゃる。そんな話にもちょっと興味を持ちつつ、今回は漁師さんにくっついて、漁師さんがどんな生活をされていて、どんな時間を過ごされているのか、ということをまずは観察させてもらって、そこを突破口に何か出てこないかなぁという気がするんですけどね。

日本人ってすごく魚を食べるじゃないですか。スーパーや魚屋さんに行けば必ず魚がある。当たり前のように思っていますけど、それって当たり前ではないんじゃないかという気もし始めているんですよね。

つまり、後継者がいないということは、魚を獲る人がいなくなるということであり、あとは魚自体がいなくなりつつある。で、これはもしかしたら牛窓だけの問題ではないんじゃないか。だからそんなこともちょっと気になるんですよね、今ね。

べつにそれは漁業だけじゃなくて、たぶん実は農業についても言えると思うんですけど。あとすごく不思議なのは、漁師を継ぐ人がいないのは、儲からないかららしいんですけど、需要があるのに何で儲からないんだろう？　って。たとえば出版不況と言われるのは、「本を読む人が少なくなったからだ」とみんな言いますよね。映画もそうです。「映画館に行く人が少なくなったから映画は儲からなくなったんだ」と言いますけど、魚はみんな食べるし、ご飯だってみんなたくさん食べますよね。なのに、なぜ農業や漁業はお金にならないのか？　素朴な疑問がいろいろ湧いてきて。そういう疑問の理解の糸口みたいなものが、あるのかな、ないのかな、と漠然と思っているわけです。

とはいえ、実は僕自身は漁師の方たちとはほとんどお話ししていないんですけどね。牛窓滞在中、カミさんは毎朝、海辺で1人で太極拳をやっていたんですよ。で、けっこう目立つので、漁師さんたちから話しかけられるわけですよね。それでだんだんと仲良くなって、しまいには獲れたばかりの魚をいただいたりする。その魚を夕食のおかずとして食べながら、カミさんは「漁師さんもいろいろ大変みたい」などと僕にあれこれ話し出す……。

そういう話を間接的に聞いて、ふぅ〜ん、と思いながら「そういや漁師って？」みたいな感じで僕の興味関心は始まっているんですね。

牛窓で借りていた離れの２階の部屋

２階から海を望む。太極拳をする規与子や漁船が見える

いつもそんな感じ。僕は出不精《でぶしょう》ですし、家にこもっていることが多いんですけど、カミさんは、ちょこちょこちょこちょこ外に出ては、人と話してその話を持ち帰ります。そういう話に触発されることはけっこう多いですね。カミさんはいつも僕に「あんたは私の話をほとんど何も聞いてない」と言って怒るんですけど、でも実は作品につながりそうな大事な話だけは聞いていて。ははは。

今日これから岡山に行きます。最初は11月の間、丸々1カ月撮影するつもりだったんですけど、途中で台湾に行かなくてはいけない用事ができたり、北京に行かなくてはいけなかったりで、少し短くなってしまって、たぶんちゃんと撮影できるのは、2週間……、そうですね、20日間くらいかなぁ。でも、本当に今は雲をつかむような話なので、今回は少し霧が晴れてくれるといいな、というくらいのつもりでと思っているんですよね。

あと今回、キヤノンのC100という新しいカメラを買ったので、それをどうやって手になじませていこうかなぁと。手になじむところで終わっちゃうでしょうね。

化石みたいなカメラをずっと使っていた

やっぱり新しい機材は、なんて言うんですかね、「こうなるとああなる」という方程式が見えるまでが大変なんですよ。「今こんなふうにカメラの液晶モニターで見えている」ということが、「大きい画面ではこう見えるはずだ」というところの方程式といいますか。つまり、インプットとアウトプットの関連性を把握するまでが大変なんですね。インプットしてもそれがどうアウトプットされるかが手探り。

なので、昨日まで足利の実家に滞在してたんですけど、猫や姪《めい》や甥《おい》なんかを撮って、それをちょっと大きめのテレビに映して、「あぁ、こんなふうに映るのか」というテストをしたり。実家にいた時はずっとそればっかりやっていました。

それを繰り返していると、カメラによってブレ方が違うので「手持ちだとこのくらいのブレ感があるんだな」とか、「このくらいの露出だと液晶モニターではすごく暗く見えるけど、テレビではけっこう明るく映っている」とか。その相関関係が見えてくると、実際に撮っている時に読めてくるんですね。「今撮っているもので大丈夫だ」という確信を持ててくる。

これが職業カメラマンならば、しょっちゅういろんな機材で撮っているわけなので、その機材ごとの特性もすぐにつかめてくると思いますが、僕の場合は自分の作品しか撮らないので。四六時中カメラをいじっているわけではないですし、そんなに場数に当たれないので、機材を変えるということがすごく大きな変化だし、負担なんですよ。ひとつの機材になじむのにやっぱり時間がかかる。

今回新しいカメラを買うまでは２００５年に発売された化石みたいなカメラをずっと使っていたんですけど、同業者に「まだそんなの使ってんの⁉」というようなことを言われ続けてきまして。

化石のやつはソニーのＺ１という機種。ハイビジョンの小型カメラとしては初めて発売された、当時としては画期的なカメラでした。これはＨＤＶ[※1]というフォーマットでインターレース方式というのですが、昔ながらのブラウン管のテレビと同じ方式で記録されている。１秒間30コマ。

これで十分きれいな画《え》が撮れるんですが、今、映画館の映写機もどんどんデジタル化が進んでいて、フィルムと同じ24コマのＤＣＰ[※2]という規格で統一されつつあるんです。だからＤＣＰ規格の上映素材をつくろうとすると、30コマで撮った映像を24コマに変換しなくちゃいけないんですけど、変換すると画がガクガクするんですよ。そのため僕の映画はＤＣＰを使わず、ＨＤＶなど別の規格で30コマのまま上映してきたんですけど、「もう想田さんギリギリだよ。もうかけられるとこ、少なくなってきてるよ」と言われて。

「ぜひぜひ、カメラをアップデートしてください」といろんな人に言われる。だから「嫌だなぁ〜」と思いながらも、「さすがに潮時か」と。それで新しい機材を買ってですね、今、試しています。でも新しい機材はやっぱりすごく進んでいて、８年の間にすごく進化したんだなぁと思いました。びっくりするくらい。

映画界にもグローバリズムが押し寄せている

デジタル・プロジェクターの規格が統一されようとしているのは、ハリウッドがＤＣＰという規格を開発して、それを世界標準にしようとしているからです。ＤＣＰ規格のプロジェクターを日本全国の映画館が、というより全世界の映画館が採用せざるを得なくなっています。ＤＣＰを入れないと、観客動員の見込めるメジャーな映画を上映できなくなってしまうので。

それまで使っていた35㎜フィルムの映写機を撤去して、ＤＣＰのプロジェクターを入れていく。それがここ4、5年くらいの全世界的な急激な変化です。恐ろしいことに、今年に入ったくらいからは、35㎜の映画は、ほとんどどこでも上映できなくなってきています。

もともと僕の映画は35㎜にはせず、デジタル上映しかしていないので、デジタル革命とは相性がいいはずだった。でも僕が使っていたデジタル規格は、多くのミニシアターが使っていた規格で、ハリウッドが決めた規格とは違うんですね。ミニシアターはお金がないので安いほうをとる。僕らインディーな製作者も安いほうをとる。「安くて、値段のわりにはちゃんときれいに上映できるやり方」を狙うわけ。ハリウッドのＤＣＰ規格はたしかにきれいだけど、僕らには完全にオーバースペックなのです。

今はだんだん値段が下がってきていますが、映画館がＤＣＰプロジェクターを導入すると、１０００万円くらいかかっていました。１０００万円の投資をして、それなりに売上が上がるのならいいですが、売上は今までと変わらないですよね。プロジェクターを買い換えるだけですから。ですから、どの映画館もきつい。

じゃあどうするか？　というと、お金を借りてプロジェクターを買い、少しずつ返していくという方式をＤＣＰの業者が考案しました。ヴァーチャル・プリント・フィー（ＶＰＦ）というのですが、１作品につき８万円とか９万円を、映画館が業者に納めていく方式なんです。

これは、たとえば１００館、２００館、３００館で同時に上映されるようなメジャーな映画にとっては問題ないんですけど、そうではないミニシアターの作品だとすごくきつい。たとえば、とくに地方のミニシアターでは、１日１回上映を１週間しかやらない作品もありますから。それでも１本につき８万円、９万円かかると、それだけで赤字になってしまいます。

そういうところがどんどん淘汰されるのではないか、という危機がこの２、３年の間に出てきています。みんな本当に大変な思いをしています。最初からＤＣＰを入れないことを決めて、「俺たちはアンダーグラウンドでいく」という感じの映画館もあります。映画界にもグローバリズムが押し寄せているんですね。

僕らにとっては寝耳に水です。フィルムで撮って上映するのはすごくお金がかかります。だからこそ、僕らインディペンデントな作家たちは「デジタル」という安いけれども画質のよい規格に流れたわけですよね。そして思い思いの規格を採用して、ゲリラ的に映画をつくって上映してきました。

それは文字通り「革命」だった。われわれはデジタル技術によって、35㎜という金のかかる方式から解放された。大げさな言い方をすれば、映画の「民主化」が進んだわけです。

ところが、結局、今度のDCP規格の導入によって、デジタルも大手の規格化にからめとられてしまう。そういう事態が起きつつある。だから、内心忸怩《じくじ》たるものがありますね。でも、もうほとんどの映画館は、その24コマのDCP規格に移行しているので、それに合わせないわけにはいかなくなってきてしまった。新しいカメラはそれなりに画質はいいですし、僕もメカは嫌いではないので楽しんではいますけど。

この映画は、もし手応えがあれば長期スパンの撮影になるかもしれないし、もしかしたら今回だけで、この企画は立ち消えになってしまうかもしれない。代わりに別のことをやっているかもしれないので、その辺はほんとに僕自身もわからないですね。

完成した映画は、最初からそうやってつくったように見えると思いますが、全然違うんですよ。毎回こんな感じです。でも僕もそのことを忘れて、ついカミさんに「いやあ、今回は本当にわかんねえわ」ってこぼす。するとカミさんは「毎回そう言ってるよ」って。

※1　ＨＤＶ
日本ビクター、ソニー、キヤノン、シャープの４社により策定され、２００３年に発表された高精細度ビデオの規格。記録メディアにはテープを使用。現在ではハードディスクやフラッシュメモリへ記録するタイプへの移行が進み、関連機器の生産終了が増えている。

※2　**ＤＣＰ（デジタル・シネマ・パッケージ）**
35㎜フィルムに替わる、デジタルデータを用いた映画（デジタルシネマ）の上映方式。デジタルシネマを推進するため、ディズニーとＦＯＸ、パラマウント、ソニー・ピクチャーズ・エンターテイメント、ユニバーサル、ワーナー・ブラザーズにより策定された。

想田和弘監督　フィルモグラフィー

『選挙』観察映画第1弾／120分／2007年

2005年秋。東京で気ままに切手コイン商を営む「山さん」こと山内和彦（40歳）は、ひょんなことから小泉自民党に白羽の矢を立てられ、川崎市議会議員の補欠選挙に出馬することになる。そして政治の素人が挑む、世にも過酷なドブ板選挙が始まった……。

米国ピーボディ賞、ベオグラード国際ドキュメンタリー映画祭・グランプリ、ベルリン国際映画祭など正式招待、世界約200カ国でテレビ放映

『精神』観察映画第2弾／135分／2008年

岡山市にある精神科診療所にカメラを入れ、「こころの病」と付き合う人々がおりなす悲喜こもごもを、モザイク一切なしで鮮烈に描いたドキュメンタリー。「正気」と「狂気」の境界線を問い直し、現代人の精神のありように迫る。

釜山国際映画祭・最優秀ドキュメンタリー賞、ドバイ国際映画祭・最優秀ドキュメンタリー賞、香港国際映画祭・優秀ドキュメンタリー賞、マイアミ国際映画祭・審査員特別賞、ニヨン国際ドキュメンタリー映画祭・宗教を超えた審査員賞、ベルリン国際映画祭など正式招待

『Peace』 観察映画番外編／75分／２０１０年

舞台は岡山県岡山市。主な登場人物は、想田の妻・規与子の両親で、介護事業を営む柏木寿夫や廣子、そして野良猫たち。彼らの日常をつぶさに描き出しながら、そこに見出される「平和」と「共存」へのヒントを浮かび上がらせる。

東京フィルメックス・観客賞、香港国際映画祭・最優秀ドキュメンタリー賞、ニヨン国際ドキュメンタリー映画祭・ブイエン&シャゴール賞、韓国・非武装地帯ドキュメンタリー映画祭・オープニング作品

『演劇1』 観察映画第3弾／１７２分／２０１２年

日本を代表する劇作家で演出家の平田オリザと、彼が主宰する劇団・青年団。その創作現場にカメラを向け「平田オリザの世界」を徹底解剖。同時に、人類誕生以来、太古の昔から続いてきた「演劇」という営みの本質に迫る。

ナント三大陸映画祭・若い審査員賞、釜山国際映画祭など正式招待

『演劇2』 観察映画第4弾／170分／2012年

演劇に逃れがたく付きまとう経済。不況と財政難で公的な芸術関連予算が縮小傾向にある中、平田は「演劇が社会にとって必要不可欠であること」を世間に納得してもらおうと東奔西走する。カメラが見つめる「平田オリザと世界」。

ナント三大陸映画祭・若い審査員賞、釜山国際映画祭など正式招待

『選挙2』 観察映画第5弾／149分／2013年

2011年4月の川崎市議会議員選挙。『選挙』（07年）では自民党の落下傘候補だった「山さん」こと山内和彦が、今回は完全無所属で出馬。小さな息子のいる山さんのスローガンは「脱原発」。組織なし、カネなし、看板なし。ないないづくしの山さんに、果たして勝ち目は……？

シネマ・デュ・レエル、MoMAドキュメンタリー・フォートナイト映画祭、ドバイ国際映画祭、香港国際映画祭など正式招待

II

第2回取材

〔撮影後・編集前〕

取材日：2013年12月10日

@麹町　ヴェローチェ

1　誰に密着するのか？

期せずしてすべて撮れてしまい……

Twitter 20131104
今日から早速撮影を始めました～。

Twitter 20131105
僕の映画は常に「とりあえず撮っておこう」で始まります。

Twitter 20131107
今日は朝から晩までカメラまわしっぱなし。さすがに死んだ。

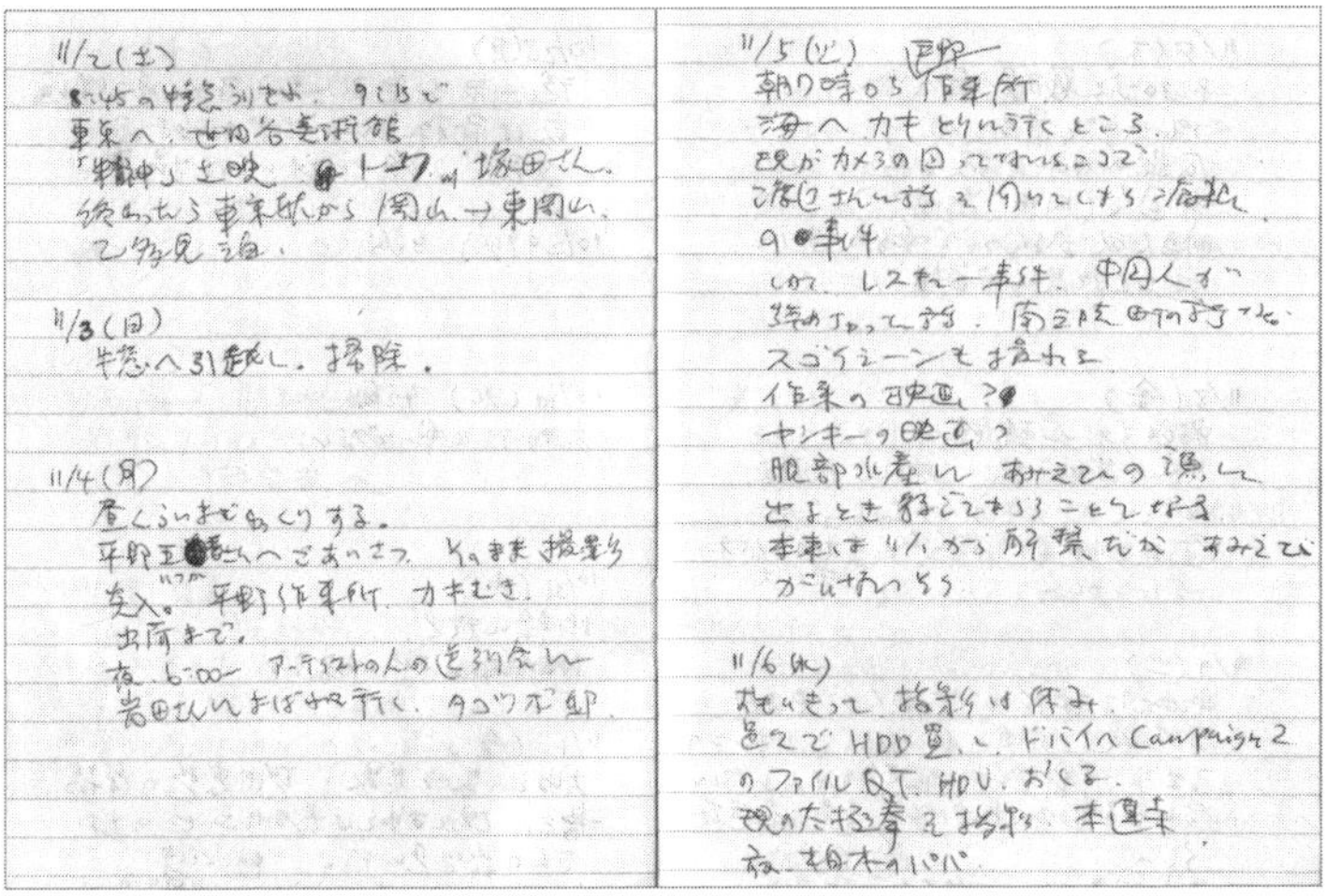

2013年11月2日〜6日の日記

Twitter 20131111

牛窓での新作撮影、続行中です。映画の輪郭もおぼろげながらみえてきました。でもそれが何なのかは今は言えない。

Twitter 20131120

明日、早朝6時から最後の撮影をして、昼過ぎには牛窓を引き上げる。合計17日間の撮影。休み無し。濃かった。楽しかったけど、疲れた。もう歳かな。考えてみれば、『選挙2』の撮影以来。2年半ぶりの撮影だったんだな〜。この辺が毎日のように撮影する職業カメラマンと違うところ。明後日から台湾。

前回は「カメラを試しで」とお話ししていたのですが、期せずしてすべて撮れてしまい……。観察映画ではいつもそうなんですけど、僕にも予想外です。結局カメラを回したのは17日間です。18日間の間に17日間回したという感じです。1日だけ休んだのですが、それ以外は結局毎日回すことになって。

実は映画の核になる部分は最初の6日間か7日間くらいで撮れてしまったんですよ。これは本当に予想外の出来事で、そうですね、どこから話せばよいのかな。思わぬところに思わぬことが潜《ひそ》んでいるなと思うのですが、規与子が太極拳をしながら漁師の人たちと知り合って、その話を僕が伝え聞いていたというところまではお話をしたと思います。その延長線上で、「じゃあ、どの漁師さんに密着させてもらおうかな」という時に真っ先に思い浮かんだのが、僕も一度話す機会のあった漁師さん。その方は牡蠣の養殖業を営んでいて、たまたま牛窓の漁業組合の組合長でもある人でした。

平野さんという方なのですが、その平野さんに夏に偶然お会いした時に、とても感銘を受けた。海辺で立ち話をしたので、自然に海の生き物についての話題になったたんですけど、魚の習性や産卵などにやたら詳しい。考えてみりゃ当然ですよね。魚の生態を熟知していないと、漁なんてできないですから。

いずれにせよ、漁師さんって博物学者みたいだなあ、すごいなあと思いました。だからその場で「もしかしたら漁師さんの生活を観察させていただいて、映画にしたいんですけど、平野さんを撮らせていただくことは可能でしょうか」という話はしていたのです。で、「いいけど、わしは年じゃからもっと活動的な人がええんじゃねん？」というお返事をいただいていた。つまり平野さんは撮影にOKだし、もしそれがダメでも誰かを紹介していただけそうだという感触を得たわけです。

だから11月にカメラを持って牛窓に戻った時、真っ先に平野さんのところへお邪魔しようと思っていました。それで、牛窓に着いた翌日にご挨拶のつもりで、でも一応カメラを持って平野さんのお家に行ったら「今は牡蠣むきのシーズンよ。撮りたいなら今から案内するから」って奥さんに言われた。

それで連れていっていただいたのが、牡蠣工場。

最初、とにかく牡蠣をむく作業を延々と撮りました。「むき子さん」というんですけど、養殖の筏《いかだ》から水揚げされたばかりの殻付きの牡蠣を水できれいにして、生きて

平野さん

牡蠣工場のむき子さんたち

いる牡蠣を器具でこじ開けて中の身を取り出す作業をやっているのです。

小さな工場ですよ。20畳くらいの作業場があって、そこに6、7人のむき子さんが並んでむいていくんですね。むいた殻はベルトコンベアが運んでいく仕組みになっていて、むき子さんたちは、ひたすらむいていく。その作業は機械的なのですが、見ているととてもおもしろいんです。ほとんどチャップリンの『モダン・タイムス』の世界です。むき子さんたちは、だいたい地元のおばちゃんたちなんですけどね。

わ、また中国が来た

その様子を撮っていたら、壁に予定を書いたメモのようなものが貼ってあるのに気づきました。そこに「11／9(土)中国来る」と書いてあるんですよ。「何かな？『中国来る』って」と思って、そう思いながらずっと撮影していると、どうも新しい中国人労働者の男性2人組が、いわゆる「実習生制度」を使って、11月9日にやってくるということらしい。

工場は「出島《でじま》」と呼ばれる埋立地に建っていて、そこには「平野かき作業所」を含

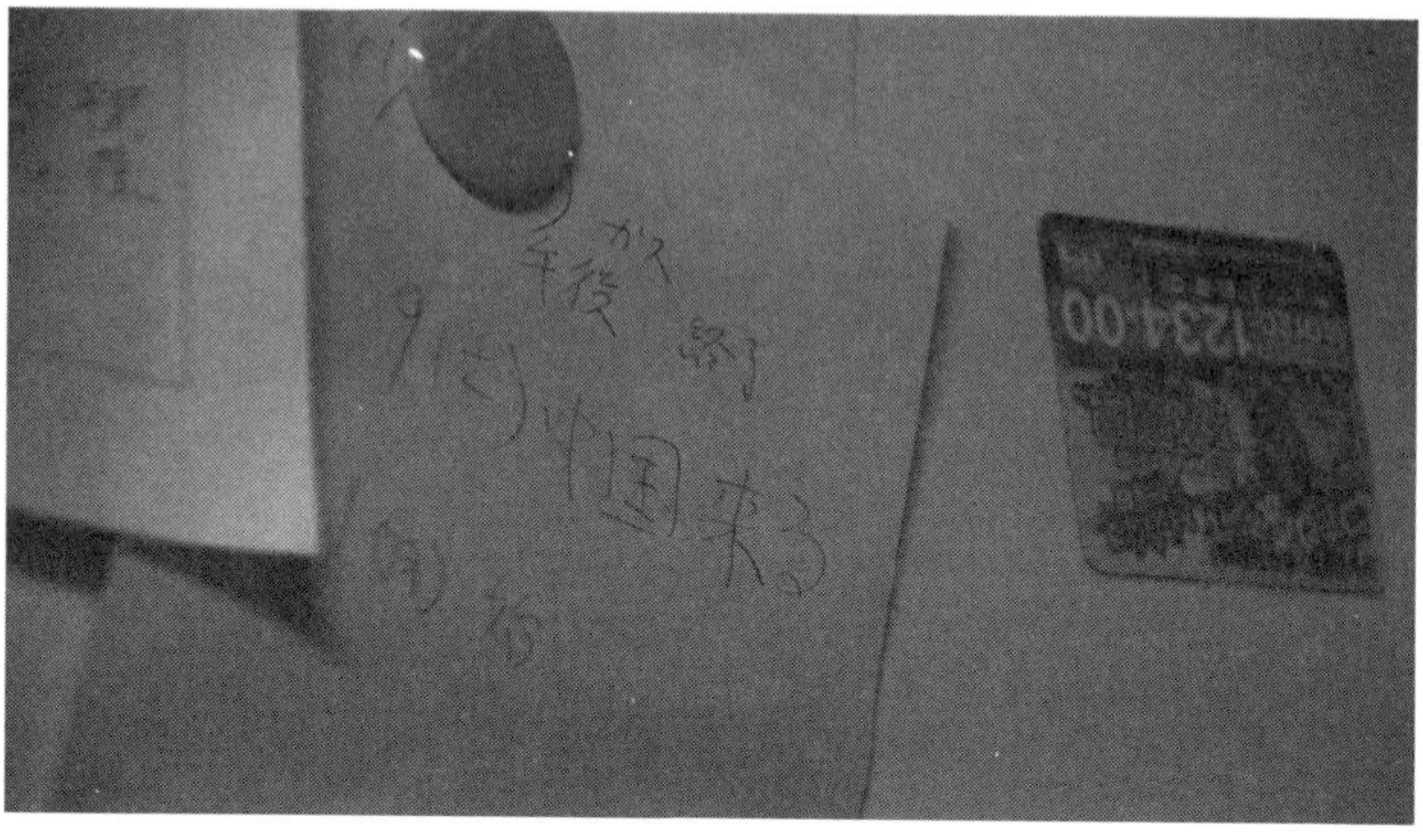

「中国来る」のメモ

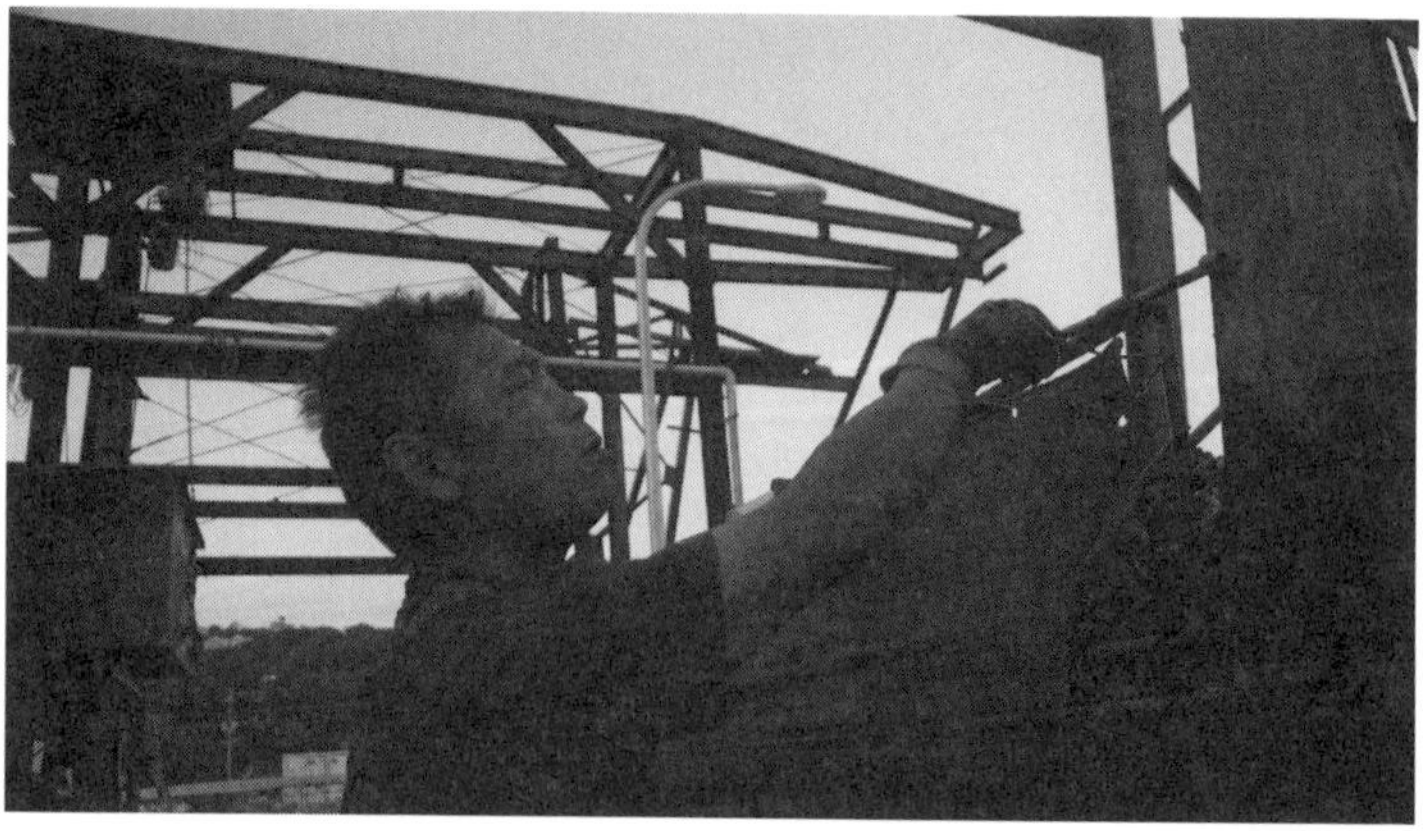

渡邊さん

めて、同じような規模の家族経営の牡蠣工場が6つ並んでいるのですが、平野さんの工場以外はだいたい数年前から中国人の労働者が入っていて、すでに作業をしている。でも、平野さんの工場は中国人を受け入れるのは初めてだったんです。なので、みんなけっこう戦々兢々《きようきよう》として「どんな人が来るんだろう？」となっていた。

変な話、中国人の労働者が牡蠣をむいているという事実に、まず僕は興奮しました。直前に中国の映画祭に行ったばかりだったので、僕にとっては「わ、また中国が来た」という感じです。

牛窓って、本当にある意味、日本の社会の発展から取り残されたようなところなんです。若い人たちはみんなもっと便利な田舎か大都市に出ていってしまい、高齢者しか残っていない。いわゆる過疎の町です。こんなところにまでグローバリズムの波が来ている、いや、働く世代を失ったこういう町だからこそグローバリズムの波が来ざるを得ない、ということが、まず僕にとっては発見でした。

そして、実はそこにはもうひとつのレイヤー（層）があった。平野さんも高齢なので引退を考えておられ、それを引き継ぐ人が宮城県南三陸町で牡蠣の養殖をやっていた人だったんですね。あの東日本大震災の津波で牡蠣の養殖場が破壊されて、一家で牛窓に引っ越してきた渡邊さんという方です。

震災のために南三陸町から移住した渡邊さん一家と、中国からやってくる労働者。この2つのレイヤーがそこにある。それもすべて、たまたまです。俄然《がぜん》、僕のアンテナはそのあたりに向いてくるわけですね。中国というキーワード、あるいは移住者というキーワードにアンテナが向いてくる。

そのつもりで回しているとですね、隣の隣の工場は内田さんという気のいい「兄ちゃん」という感じの人が経営者なのですが、その内田さんと渡邊さんが、1日の終わりに作業をしながら情報交換をしたりするわけです。その中で内田さんが、「いやぁ、うちの中国人が1人やめちゃってさ」という話をしている場面が偶然撮れてしまう。「来て5日で帰っちゃった。もう大損だ」「渡航費を返してもらわにゃいけん」とか、そういうかなり赤裸々《せきらら》な会話が、僕がカメラを回している時に偶然撮れてしまって。ですからますます「中国」というキーワードが自分の中では浮き上がってきました。

つまり今回の映画は、「平野かき作業所に中国人が初めてやってくる」ということがおそらく1つの重要な柱になるだろうと。11月9日は僕らの滞在期間中なので、大事な日もばっちり撮影できるわけですから。

そういうわけで、突如として「漁師についての映画」は、ある意味「日中関係やグローバリズムについての映画」になった。そこで僕らは、隣の作業場で働いている中国人を撮りに行かせてもらったりして、「中国」をキーワードに撮影を進めていったわけです。

牡蠣工場の日本人たちと中国人労働者とでは、基本的に言葉が通じません。中国人は、日本語は片言しかできない。受け入れ側の人たちも中国語ができない。しかも普段は通訳がいるわけではないので、すごく大変そうです。

仕事自体もすごく大変。朝早くから16時まで、ずっと座りっぱなしで牡蠣をむき続けるという作業、プラス、文化の差や言葉の壁。僕は外国人としてアメリカに住んでいるのでとくにそう思うのかもしれませんが、よそ者である中国人にとっては、なかなか過酷な状況だと思いました。

もちろん日本人のむき子さんたちと中国人のむき子さんたちの間でもいろいろな交流もあるのですが、言葉が通じないから、腹を割って話すとか、そういうことはできないんですね。だから、やっぱりふたつに分かれている感じがある。

そこで、「うちのチャイナが」とか、「うちの中国人が」とか、名前で呼ぶというよりも、けっこう記号っぽい存在になってしまう。もちろん悪気はないんですよ。誰にも悪気はないのですが、結果的にはそうなってしまっている。

だから、僕も「この関係、いったいどうなるのかな?」という問題意識が芽生えてきて。いろいろなことを考えながら、複雑な思いを抱きながら、だけど状況としては非常におもしろい。おもしろいというと語弊がありますが、まあ、興味深いわけですよ。

「カメラ、シャットアウト。もうお断り」

そうやって、ずっと撮っているうちに、11月9日がやってきました。大げさな言い方をすれば、平野かき作業所にとっての「運命の日」ですね。それは僕らの映画にとっても同じことで、「どうなるかな……」とドキドキしながらその日を迎えた。

そうしたら、中国人たちが牛窓に着く30分くらい前でしょうか、急に平野さんが「もう取材はやめてほしい」と言い始めたのです。「カメラ、シャットアウト。もうお断り」とおっしゃる。その時もカメラを回していたのですが、びっくりして、「え?

どういうことですか？」と聞いたら、「いや、広島ではね、殺人事件まで起きた」と。実際あったのですよ。むき子さんとして広島に来た中国人が、オーナーや同僚を何人か殺傷してしまったという事件が1年くらい前にあった。平野さんはその事件のことをかなり気にしておられたようで、「中国人の新しく来た人たちがカメラを見てどう思うか？　無断でカメラを向けて、もし快く思わなかったら大変なことになりかねない。日本人なら言葉も通じるし、話せばわかるかもしれないけれど、相手は中国人だから撮影はここでやめてほしい」とおっしゃるわけですよ。

僕はカメラを回しながら、半ばパニックです。ここで撮影をやめたら、これまでの撮影は水の泡になる。かといって、無理やり撮影を続行するわけにはいかない。相手は権力者ではなく、市井《しせい》の方ですからね。

でも、そのまま「わかりました」と引き下がるのも違うと思いました。平野さんが心配されているのは、新しい中国人の方々に無断でカメラを向けることだということなので、「中国人の方がいらっしゃったらすぐに説明をして、撮影をしてよいかどうかを聞いてもいいですか」と。「聞いたうえで、了解を取ったうえで撮ってもいいですか。今まで他の作業場の中国人の方も撮らせてもらっていますが、今のところ仲良くやっています。仲良くやれるようにすごく気をつけますから」というように聞いたわけです。そうしたら平野さんは「じゃあ、本人からよく了解を取ってください」とOKしてくれた。そうこうしているうちに、中国人の方が着いたわけです。

そうしたらですね、今回ずっと規与子も一緒に撮影に出ていたのですが、その話を聞いていた規与子が、中国人の人が通訳の人と斡旋《あっせん》業者の人と一緒に現れたのをいち早く察知してですね、誰よりも早くツーッと出ていって、渡邊さんたちが挨拶する前に挨拶をして、「通訳の人どなたですか？　今、牛窓の牡蠣のドキュメンタリーを撮っているのですが、みなさんのことも撮ってもいいですか？」というふうに聞いたわけです。そうしたら中国人の人も「どうぞ」とすごく快くOKをくれたわけですよ。それを僕らは錦《にしき》の御旗《みはた》にして、その日1日、無事に撮影を続行できたのです。

あれは規与子のファインプレーでした。とっさの判断で映画を救いました。ですから今回、規与子はいつもの「製作補佐」ではなく、「製作」というクレジットにしようと思っています。あれはまさにプロデューサーの動きでした。単なるアシスタントにはできません。やっぱり何かが起きた時に問題解決に素早く適切に当たれる力は、ドキュメンタリーづくりにとっては必要不可欠ですよね。あれには助けられました。

本当に泣けてくるほど一生懸命で

ただ、斡旋業者の人はあんまり撮影には積極的ではなかったですね。「撮ってもいいけど、ここは回さないで」とか、かなり撮影をコントロールしようとしているように思いました。

だから「回すな」という場面は当然回さなかったんですけど、それでもかなり撮影できたわけですね。撮れたシーンは、おそらく映画の中でもけっこう重要な場面になってくると思います。

というのも、言葉がわからないから、中国人の人たちは全身を耳にし、目にするんですね。その様子が本当に泣けてくるほど一生懸命で。誰かが掃除をしていれば、どこからかチリトリを探してきて差し出したり。「僕らは働く気満々です」という感じのことを全身でアピールするわけですよ。真剣です。

真剣なのは、受け入れる側も同じです。

渡邊さんは、中国人の人たちが到着するずっと前から、彼らが住むためのプレハブを用意するんですね。作業場の前の庭みたいなところに設置するのですが、その作業を撮りながら、人が住むって大変なことなのだなと思いました。シャワーのお湯が出るようにしたり、ガスが使えるようにしたり、電気を通したり、いろいろとやることは山積みなわけです。

それを仕事や育児の合間に何日もかけて準備して、布団だとか畳だとか調理器具だとか、身の回りの道具も渡邊さんの奥さんが揃えたりしているわけですよ。大変な努力です。

ちなみに渡邊さんには4人お子さんがいて、いちばん下の子は牛窓に移住してから生まれていて、まだ赤ちゃんなんです。赤ん坊だから奥さんはおぶったままいろいろな作業、仕事をされている。受け入れる側もすごく一生懸命なのです。そういう部分も、かなり丹念に撮らせていただいたつもりです。

今までカメラを回した分だけで映画の骨格は撮れているか？

ただ、中国人の2人が到着した日を撮った時点で、もしかしたら潮時なのかもとい

中国人の２人

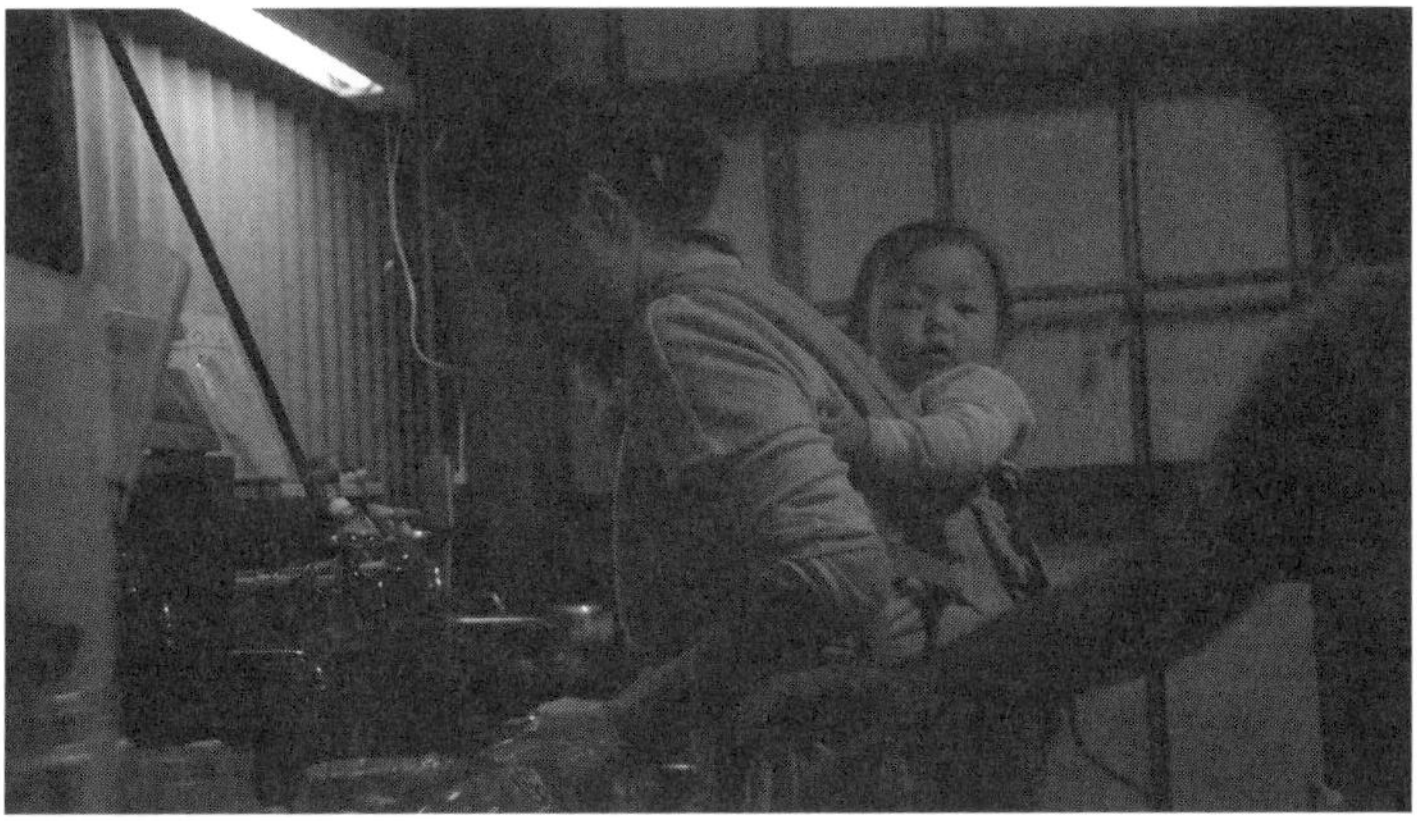

渡邊さんの奥さんと赤ちゃん

う気もしました。あの温厚な平野さんが「撮影をやめてくれ」とおっしゃったのは、やはりただごとではない。1日の撮影を終えて帰途につきながら、「もしかしたら明日あたり、正式に撮影の中止を求められるんじゃないか」という予感はしていました。

だからその晩は、規与子とそのことについて話し合いました。「もし今後、『撮影はやっぱりやめてほしい』と言われたらどうしようか?」と。

いちばん問題になるのは、「今までカメラを回した分だけで映画の骨格は撮れているか?」ということです。僕の判断としては「十分撮れている」と思った。いろいろと穴はあるかもしれないし、もっと撮影が継続できるのならばそれに越したことはないのですが、もし、今までの撮影分で「もう終わり」と言われたとしても、映画にはなるのではないか。そう思いました。

だから、今後「もうやめてくれ」と言われたら、気持ちよく引き下がろう。そう、一応は結論を出したうえで、翌朝、牡蠣工場へ撮影に行ったわけです。

牡蠣工場に着いたら、渡邊さんたちの姿はありませんでした。渡邊さんは、中国人の2人を連れてさっそく牡蠣の水揚げに行っていたんですね。だから僕らは、彼らが船にいっぱい牡蠣を積んで帰ってくるのを待って、その様子を撮影しました。

それを撮り終わった頃に案の定、渡邊さんから「ちょっとお話があります」と言われ、「お、来た」と思い、僕は話を聞きました。「こんなに長く密着されるとは思っていなかったし、平野の親父《おやじ》さんもあのように懸念《けねん》されているから、できればそろそろやめてほしい」というお話でした。

すごく丁重に話していただいて、「もうやめろ！」みたいな感じではなく丁寧に言われて。渡邊さんという方は、本当に素晴らしい方なんですよ。とても尊敬できる方です。その方がそのように言われたので、僕は「わかりました。撮影はもうやめます。今まで撮った分で、なんとか映画にします」と。覚悟もできてましたしね。

ただし、「牡蠣工場の周りの風景をまったく撮影していなかったので、そういうものを撮りに、敷地にはもしかしたらお邪魔しますが、作業などそういう場面を撮ることはしませんので、それだけは許してください」とは付け加えた。渡邊さんも、そのことは快く承諾してくださいました。

2　登場人物を増やすか？

あ、この人、撮られるの全然平気な人なんだ

そこまでの撮影期間は、ちょうど1週間くらいかな。僕らは11月3日に牛窓に入り、たしか4日から撮り始めた。で、10日まで牡蠣工場で撮影させていただいた。ちょうど1週間くらい。

この時点で僕は『牡蠣工場』とか『牡蠣』とか、そういう題名の映画になるんじゃないかと思っていました。でも牡蠣工場の周辺だけでなく、牛窓の風景をいろいろ撮っておこうと思ったので、11日から三脚を担いで牛窓じゅうを歩き、あれこれ撮っていた。そしたら新たな出会いがありました。

86歳の漁師の人です。「ワイちゃん」と呼ばれているんですが、本名は村田和一郎さんといいます。長年同じ姿勢で仕事をされていたせいか、腰が曲がっていて、本当

にもう、かがんだ状態で「く」の字で歩く人なのです。

「舟に乗って大丈夫なの?」と僕らは思ってしまったんですが、この人が漁師をもう70年間やっていて、今でも1人で漁に出ていく。小さい舟ですよ。僕ら2人を乗せてもらうともういっぱいいくらいのすごく小さな舟なのですが、それに乗って、僕らが滞在している家の目の前の港をしょっちゅう出たり入ったりしていたんですよ。

ある日、僕がカメラを持ってうろうろしていたら、舟に乗ったワイちゃんが遠くのほうから僕のカメラに向かって「撮りよるん? 撮りよるん?」と聞いてくる。「はい」と答えたら、50㎝くらいあるでっかい魚を舟の水槽から取り出して「これ獲ったんだぞ」ってうれしそうに見せるわけです。

僕は「あ、この人、撮られるの全然平気な人なんだ」と思って、しばらくカメラを回しながら、ワイちゃんの仕事ぶりを眺めていた。そうしたらワイちゃんがいろいろとしゃべり始めて。その話が強烈におもしろい。日が暮れるまでずっとそこにいながら話を聞いていたんです、カメラを回しながら。

で、話を聞いているうちに、この人の漁や生活をもっと観てみたいなと思った。そこで「今度いつ漁に出るん?」と聞いたら「明日行く」とおっしゃる。耳が遠いんで

ワイちゃん

すよ。だから、大声で話さないと通じなくて「明日は！　漁に！　出るん!?」みたいな感じで言わないと聞こえないのですが、聞いたら「出る」と言うのですね。そこで漁も撮りに行きました。

ワイちゃんの漁というのは、おそらく昔ながらの漁なのだと思いますが、夕方まず網を仕掛けに行くのですね。少し沖に出ていって、網を仕掛ける。次の朝、まだ暗いうちにそこへ行って、その網を引き上げて、網に勝手に引っかかっている、というより絡まっている魚を1匹1匹ほどいて、まだ生きているうちに市場に売りに行く。死んだ魚は、牛窓の市場では値段が半値以下になってしまうそうなんですよ。そういうやり方の漁を、おそらくこの70年間ずっとやってきているわけです。

でもワイちゃん、陸《おか》ではヨボヨボしてて本当に危なそうなので、規与子などは「この人の舟に乗るのは危ないのではないか?」と思って浮輪を見戸さんの家から2つ借りてきていました。見戸さんのお孫さんが女の子で、その子が使っている浮輪なので、セーラームーンみたいな少女漫画の柄つきのピンクの浮輪ですよ。それ2つ借りてきて、ワイちゃんの舟に乗り込んだ。

この浮輪がでかいので、カメラをパン（横振り）するとしょっちゅうフレームに入っちゃう。そのたびに「規与子め、邪魔なもの持ち込みやがって」とイライラしてましたね。ははは。

だけど、ワイちゃんは舟に乗ると急にシャキッとしてすごいのですよ。フラフラして危ないのは僕らのほうで、ワイちゃんはまったく危なくない。

なんて言うのか、舟の隅々の細かいところまで、すべて自分で改良しているんです。すごいですよ。間違って海に落ちないように舟の縁にガードするものを自分でこしらえていたり。あと、1人で舟を操作しながら網を張ったり引き上げたりするため、レバーから少し離れたところにいてもエンジンを操作できなくてはいけないし、舵《かじ》をきらなくてはいけない。そのために、エンジンのレバーや舵に、自作のエクステンション棒のようなものをつけていたり。最初は棒の役割など、僕にはまったくわからなかったのですが、撮っているうちに工夫の意味がわかってくるわけですね。

魚を獲るのにもさまざまな知恵があり、オーガニックな手順がある。それに彼の目の動きを見ていると、いろいろなものを同時にすごく注意深く見ている。撮っていると、そういうことがよくわかる。1人の漁師に詰まっている知恵や技術みたいなものが、ビジュアル的に見えるわけですね。すごいなと思いながら撮っていました。だか

ら、ワイちゃんも主人公の1人になるのではないかと思います。

都会では絶対に見られないようなネットワークが見えてきた

牡蠣の養殖場とワイちゃんのつながりは、「どちらも牛窓にある」という以外に、基本的にはないです。でも、それでもいろいろとつながることが出てきました。たとえば、ワイちゃんと一緒に漁に行きますよね。ワイちゃんは獲れた魚をまだ生きているうちに牛窓の市場に卸し、地元の魚屋さんたちが競《せ》りをして買っていく。魚屋さんも減っているので、買いに来る人も高齢者ばかり5、6人しかいない。だけど一応競りをやる。

その場面を撮っていたら、僕らがよく行く高祖《こうそ》鮮魚店という魚屋さんがあるのですが、そこの女将《おかみ》さんが競りに来ていたんですね。高祖って牛窓には多い苗字で、そこの女将さん、60歳くらいに見える方なのですが、実はご本人いわく「後期高齢者」らしい。その人も競りに参加しているので、僕としては「あっ、ワイちゃんと高祖さんがつながった」と思うわけです。

しかも高祖さんは、実は僕らが牡蠣工場で撮影している時にも毎日のように見かけていた。牡蠣の作業場で撮影していると、魚を売りに来られるのです。

でも、高祖さんは自分が魚を売りに来るのを人に見られるのが嫌みたいで、僕が撮ろうとすると「ヤダヤダヤダ」と逃げ回るんですね。逃げるくせに「私には昔、大ロマンスがあった」みたいな話をカメラに向かってし始めるんですよ。「私は恋に破れて魚屋に嫁いだ。その物語を脚本にして映画をつくれ」とか言うわけですよ。おもしろい人だなぁと思いながら話を聞いていました、牡蠣工場で。

その高祖さんがワイちゃんの魚を競りに市場に来ている。そこで僕は高祖さんについて行って、今度は高祖鮮魚店でカメラを回し始めたんですね。

お店では、息子さんが魚を捌《さば》いて、女将さんが営業的なことを切り盛りしている。息子さんの奥さんも一緒に働いていて、3人で店を営んでいる。女将さんの旦那さんはもう亡くなっていて、女将さんがその魚屋さんを取り仕切っているわけですよ。で、店舗をよく見ると、牛窓の牡蠣が売られていたりして、だんだんつながりが見えてくるわけです。

しばらくしたら、女将さんが魚を軽トラの荷台にいっぱい積んで運転席に乗り込も

牛窓の市場の競り

高祖の女将さん

うとしているので、僕は「あ、魚を売りに行かれるのだな」と思った。そこで「ついて行ってもいいですか？」と聞いた。そしたら「うーん」と迷いながらも、一緒に行くのを許してくれたんですよ。

これがおもしろかったですね。女将さんについて行くと、都会では絶対に見られないような、地元のネットワークが見えてくるんです。みんなお互いに顔見知りです。車に乗れない高齢者のお宅を中心に、いろいろなところへ魚の配達に回るんですけど、配達先に牡蠣工場が含まれていたり、おなじみの猫がいたりして。いろいろなものが一巡するような感じになっていくのですね。

そんなの観察映画的にありか？

あと、かなり奇妙なシーンも撮影しました。規与子が唐突に「牡蠣パーティーをやりたい」と言うんですね。『Peace』に出ている規与子の両親や、『精神』の山本先生ご夫妻などを呼んで牡蠣パーティーをやらない？　と。

僕はといえば、「撮影で忙しいのに、それをオーガナイズするのは大変だなぁ」と思って、ずっと渋っていたのです。だけど規与子が「でも、そうするとオールスターキャストでおもしろいじゃん」と言うわけです。つまりパーティーを「撮れ」と言うわけですよ。

「撮る……？　そんなの観察映画的にありか？」と懐疑《かいぎ》的になりながらも、まぁ、牡蠣パーティーは楽しそうだなと思って、じゃあやろうということで企画したんですね。

平野さんのところから殻付きの牡蠣を2斗缶ほど買ってきて、見戸家の庭をお借りして、牡蠣を炭火で焼いて食べる牡蠣パーティーをやった。そうしたら、山本先生や規与子の両親、喫茶去《きっちゃこ》（規与子の両親が営む介護事業所）の方々、『精神』の最後の場面に出ている真也《しんや》さんなどが来られた。僕が岡山で撮った映画の主人公級の人々が勢ぞろいです。

すると、その前を偶然通りかかったワイちゃんが入ってきた。そうすると、今までの映画に出ている人と今撮影中の映画に出ている人がそこで交わったりして、すごくシュールで。「あぁシュールだ」と思ったのでカメラを回し始めた。それもたぶん映

規与子の母・廣子（左）と山本医師（右）。牡蠣パーティーにて

ワイちゃん（左）と規与子のの父・寿夫（右）

画の一部になっていくと思います。だからかなり変な映画になると思いますよ。

牛窓の異世界のようなものに通じる窓か穴のような存在

あと、もう1人キーになる人物がいて。ワイちゃんのところに行くと、必ずその横で立ち話や井戸端会議をしている84歳のおばあさんがおられるんですね。毎日浜に出ているんですよ。クミさんという方なんですが、その人がやたらと僕らをいろいろなところに連れていきたがるんです。観光ガイドよろしく、「もうここは見られたか？」「あそこは見られたか？」と連れていきたがってくださる。

でも、半分ね、こういう言い方をするとあれなのですが、なんかすごく、なんて言うのかな、こんなことを言うのはすごく語弊があるのですが、いわゆる、別世界に行ってしまっている感じの人なのです。昔、どの村にも、1人はちょっと変わった感じのおじいさんとかおばあさんがおられたでしょう。そんな感じの人です。かなりインパクトのある人です。

この人がなぜか僕らのことをすごく気に入ってくださって、いろいろ案内してくれるのです。いろいろ案内してくれている時も、僕はもちろんずっとカメラを回している。で、ある夕方、「景色がええところがあるから行こう」と言われる。一度は「もう遅いから」と断ったんですが、「行こう、行こう」とおっしゃるので、ついに断りきれなくなって、高台へついて行ったんですね。

するとあたりがだんだんと暗くなっていく中、クミさんの身の上話が始まりました。自分は生みの母の顔を知らず、継母《ままはは》に育てられた。継母には小学校にも行かせてもらえず、腕を切られてまだ傷跡が残っていて、風疹《ふうしん》になったのにずっと放っておかれたので二十何歳まで風疹が治らなかった、云々《うんぬん》、という話を始められて。

クミさんによると、彼女の息子さんは福祉施設に「盗《と》られて」しまったんだそうです。息子さんは目が見えない。自分が油断している間に盗まれたのだ、と。で、盗んだというのが岡山にある福祉施設なんですね。クミさんいわく、全盲の人を1人受け入れると、国からすごい補助金が出るので、その金のために息子をかっさらったのだと言うのですね。ちょっとにわかには信じがたい話を訴えてくる。

しかもだんだんあたりが暗くなる中でその話が始まったので、僕としては異世界に連れていかれたような感覚になるのですよ。こういう言い方が適切かどうかわかりませんが、とても映画的でした。

だからおそらく、このおばあさんもこの映画の中で主人公の1人になっていくのではないかと思います。どのように彼女のシーンが他のシーンと組み合わさっていくのかはわからないのですが、クミさんは牛窓の異世界のようなものに通じる窓か穴のような存在である気がしていて。

この感じを言葉にするのは難しいです。映像でそのまま観せたほうが伝わるかな。クミさんは、カメラを持っていなかったら、もしかしたら僕はあんまり近づこうとしないタイプの人かもしれません。でも、カメラを持っているとね、むしろそういう人に惹きつけられてしまうところもあるんですね。実際、話してみるとすごくおもしろい人なのです。一挙手一投足がおもしろい。もう、見ているだけで飽きない。

クミさんって、人の悪口をすごく言うんですよ。目の前に本人がいるのに。クミさんのお友だちに、80歳くらいのおばあさんがおられるのですが、その人の目の前でかなりきわどい悪口を言ったりするんです。僕は「いいのかな？」とか思いながら、それでもカメラを回して。

悪口を言われているおばあさんもムッとはしているのですが、そのことについて反

クミさん

論したり、文句を言ったりするでもない。次の日もクミさんと仲良く一緒にいたりする。不思議な関係なんですよ。そういうもう1人の人物が現れたりして、カオスになってきて。

僕は映画作家で、ジャーナリストではない

ただ、どう扱うかがすごく難しいですよね。

とくにクミさんの息子さんを「盗んだ」という施設の名前が出てきているので。クミさんいわく、息子さんは施設で虐待も受けているそうです。「施設の人に虐待されているのをこの目で見た」と言っていて、それが本当だとすると社会問題になるわけです。

僕のドキュメンタリーは基本的に「映画」なので、話されていることが本当かどうかは問いません。「映画の中でその人がそう話したことは事実だから、それをそのまま出しているだけです」と普段はそのように言っていますが、しかし、確かめないで本当にそのまま出してしまっていいのか？　と思いますよね。

もしそのまま出して、それがまったく根も葉もないものであったら、その施設はむやみやたらに名誉を傷つけられることになるわけですから。でも、クミさんの中では、おそらくそれが主観的真実なのだと思います。外側から見ると間違っているかもしれませんが、おそらくクミさんはそう信じているはず。嘘を言っているようには見えませんでした。そう信じて言っている。だから、それをどう扱おうかと、今からかなり悩んでいるのですが、おもしろいことに規与子の父は実はまさに、その施設に勤めていたことがあるんですよ。

規与子の父はかつて養護学校の校長をやっていたのですが、そこを定年退職した後に、5年間嘱託というかたちでその施設の副所長をやっていたのですね。そこで苦情の担当だった。だから、もし施設の名前をそのまま出すとすると、そことも、少し現実的な絡みが出てくる。

少し相談もしました。「実はこういうことがあって」という話をしたら笑っていましたけどね。「お金が儲かるって本当なんですか?」と聞いたら、「そりゃほんとじゃぁ」って言っていました。「でも、施設名をはっきり言っているのですが、それを出して大丈夫なんですかね?」と聞いたら、「そりゃおえんじゃろう」と。「おえん」というのは「ダメ」という意味です。「そりゃおえんわ」とかって言っていましたけどね。ですが、その話を規与子の母の目の前でもしたら「そりゃ、出しゃええが」って言っていましたけど。「そら出されぇ」って。ははは。「そのおばあさんの言うことは、おかしいところがいろいろあるけれど、でも、それはその人がそう思よんじゃから」。母いわく、当事者の思いとは別のところで、ことを進めてしまうことが施設にはよくあるそうで。

たとえば施設には、このままクミさんと息子さんが生活していくことには実際的な危険性があると判断した時に、ご本人の意思に反して、やむを得ず引き離すしかないと判断する時があるそうです。その時に時間をかけて説得をし、時間をかけて離れていくプロセスをやればよいけれど、そのようにしないところが多いそうです。何度も現地に行くのも大変だし、余裕がないから、1回で決着をつけたがる。そういうところで当事者の気持ちが置き去りにされることがよくあるのだと、規与子の母は言っていました。

それはそうだろうな、と僕も思います。規与子の母も福祉の現場で働いているプロですから、その話には説得力があります。だから、現実にはもしかすると、施設の側としたら息子さんやクミさんの行く末を案じてそのような措置をとったのかもしれません。しかし、それはもしかするとすごく急ぎすぎたやり方で、少なくともそのことにまったくクミさんのほうは納得されていない。そのことを恨みに思っている、というようなことなのかもしれない。

まあ、その辺のことを判断するのは観客なんだから、僕の関知するところではない、というようなことは言えなくもない。でも、悩むところですね。クミさんの主観的真実というものを大事にしたい気持ちもありますし、だけど大事にすると、もしかするといわれのない非難が施設に降りかかる。

ここでたとえば、施設側にも取材をするという手法は、普通のジャーナリストならば必ずやることですが、僕は映画作家で、ジャーナリストではない。でもドキュメンタリーだから、現実世界と関わりが皆無だとも言えない。ここは難しいところです。本当にグレーゾーンです。

でも、ここで、じゃあ「真実」は何だったのか？　ということに僕がもし一歩踏み出し始めると、もうまったく違う映画になってしまう。「観察映画」というよりも、告発映画みたいになってしまうのも嫌ですし、難しいところですよ。

ある意味「観察映画」は現実を素材にしながらも、ポエムの領域、詩の領域。事実関係を調べたりすると、詩ではなくジャーナリズムになってしまう。かといってその作業がまったく不要かというと、不要じゃない気もする。難しいですね。

伝統社会特有の陰鬱さや窮屈さみたいなもの

あともうひとつ悩ましいのが、クミさんがけっこうワイちゃんの悪口も言うんですよ。「ワイちゃんのこと、私は嫌いじゃ」とか。普段まあまあ仲良さそうにしているのに、僕らだけになると、カメラが回っていることがわかっているのに、なんでああいうこと言うのかな？　と思うのですけど。「ワイちゃんのこと好き？」と聞いてくるので、「よい方ですよね」と答えると「わたしゃそう思わん」って。で、そのくらいならまだよいのですが、そのうち、ワイちゃんに関する非常に辛い話、シャレにならない話とかもし始める。そういう話は、映画的には悪くないのですが、これをワイちゃんが観た時にどうかなぁと。

僕らアウトサイダーからは、牛窓は「楽園」に見えたりするのですが、そこで昔からずっと生活してきている人たちにとっては、伝統社会特有の陰鬱《いんうつ》さや窮屈さみたいなものが、やはりあるわけですね。それはアウトサイダーにはあまり感じられないことなんですよ。クミさんのそういう面からは、僕らには普段見えない牛窓の現実がかいま見える。

なので、クミさんの悪口もあると、映画的にもっと重層性が増すし、心揺れるところではありますが、迷いますね。やっぱりワイちゃんの顔も浮かぶので。使うかどうかはやはり考えるところです。ワイちゃんはとくに僕らが撮っていることをすごく楽しんでいるというか、うれしいんだろうな、ということが伝わってきていたので。

ワイちゃんは最初漁を撮りに行った時は、救命胴衣をつけていたんですよ。ところが2回目の撮影では、胴衣なしで海に出ていったんですよね。たぶん「救命胴衣をつけてる漁師なんて格好悪い」と思ったのでしょう。2回目の撮影が終わった時、規与子が「今日はワイちゃん、ポーズを決めていた」と言うんですよ。舟に乗った時にこうやってポーズを決めていたと。たしかにそうかもしれないなと。

やっぱり、僕らとワイちゃんの間には、いい信頼関係みたいなものがあって。それなのに、ワイちゃんの知らないところで酷な話がされていたということを映画に入れてしまったら、ワイちゃんすごくがっかりするだろうな、どうもなぁと思ってしまうのですね。

3　どうすれば「映画」になるのか？

自分が気づいた視点を映像に翻訳するためのカメラワークをしていく

回していると、文句なしにおもしろい瞬間というものがあるんです。「あぁ、おもしろい、おもしろい」と思いながら撮っている瞬間。それで撮れたシーンを僕は「核となるシーン」と呼ぶのですが、核となるシーンというのが勝手に撮れてしまう時がある。それが何回か起きると、ボヤーッとはしているのですが、すでになんとなく映画の輪郭が見えてくるといいますか。それをどう並べるかはわからないけれど、これだけおもしろいシーンがいくつかあれば、おそらく何かになるはずだ。それをどうつなぐか、まだ糸はわからないけれど、たぶん糸はあるはずだ、という確信が生まれてくるのですね。

だからあとは核となるシーンをきちっとセットアップさえできればよい、といいますか。核となるシーンも、それだけを観せてもなかなか面白味《おもしろみ》が伝わらないんです。核となるシーンを僕が今おもしろいと感じているように、映画を観ている人もおもしろいと感じるためには、それを支える部分も必要です。メインディッシュだけでなく、前菜やデザートが必要で、それを後から用意していくような感じ。あるいは、骨格があるので、そこに肉をつけていくというような感じです。なんというか、そういうところを撮り足していったりするのですね。

ですから撮影中は、編集モードと観察モードが、実際にはやはり混じり合いますよね。とくに、個々の場面では撮りながら気がつくことがあります。たとえば、「あ、ワイちゃんがものすごく目を動かしながら、舟を操縦している」とか、あるいは、「手のちょっとした動きで舟の向きを調節している」とか、そういうことに気づいたりします。そうしたらそれがきちっと映像に翻訳されるように撮るわけです。

そして、そのためにはやはり、たとえば目の動きを撮るとしたら、目の動きがよくわかるようなクローズアップと、その目の動きだけではなく全体的にワイちゃんを位置づけるような、広い画も撮る。つまり編集のことも考えながら、自分が気づいた視点を映像に翻訳するためのカメラワークをしていくわけです。

逆に言うと、編集のことを考えないと翻訳にならないのですね。見たままを漫然とカメラで記録しているだけだと、自分の発見が観客には伝わっていかないわけですから。「伝わるためにはどうするか？」ということは常に考えます。

それと映画によって、撮れたものに対する理解の度合いが違うということもあります。撮りながら映画の輪郭がかなりはっきり見えてくる時もあれば、撮っている時にはよくわからない場合があります。『選挙2』の撮影の時は本当に「おれ、いったい何を撮っているのだろう？」という感じで、映画の輪郭は全然見えてこなかった。撮影が終わってから1年半後に、ようやく見えてきたんですけどね。

今回はけっこうピンとくるものがあった感じではあります。だから規与子なんかも「今回は編集、すぐでしょ」って言っていましたけど。だけど、それはわからない。やってみたらすごく難航するかもしれないし。

「就職難とか言うけれど、仕事はいっぱいある」

あとは、牡蠣の話とワイちゃんの話はどうやってつながるのかな？　という興味があります。編集をしている最中にもう少しつながりが見えてくると思います。全体的に言うと「漁業に何が起きているのか？」ということ。あるいは、「第一次産業に何が起きているのか？」ということはおそらく少し見えてくるだろうな、という直感があります。

牡蠣の渡邊さんが言った言葉で、僕の中で引っかかったものがありまして。なぜ中国人を雇うのかという話題になった時に、「だって日本人の若い人でやりたい人、いないですよ。3Kですから」とおっしゃった。「だから中国人を呼ぶのだし、中国人がダメだったら今度は東南アジアかもしれないし」とおっしゃるんですね。「仕事はいっぱいありますよ」と。「就職難とか言うけれど、仕事はいっぱいある。だけど日本人、こういう仕事はやらないでしょ」って。

これはやっぱり、心に突き刺さった。けっこう気になっています。

それは、ワイちゃんの言葉とも少し重なっていて。ワイちゃんもやはり後継者がいない。「継ぐもんなんかおらん」と当然のように言うわけですよ。

実際、今でも漁をしているのは、だいたい高齢者です。市場の競りに来る魚屋さんもだいたい高齢者。若い世代に引き継がれていない。それはなぜなのか？　ということです。

ワイちゃんいわく、「魚が安くなった。だから、前のように商売なんか成り立たない」そうです。魚が安い。量も少なくなった。少なくなったのに安くなった。前みたいに獲れないし、獲れない中で安くなっている。

撮影中に出会った釣り人のおじさんによると、10年前に卸価格で1kg2000〜3000円した黒鯛《くろだい》が、今は200〜300円らしいんですね。魚に希少価値が出ているのに安くなるというのは、考えてみれば不思議な現象です。

ワイちゃんはこの現象について、なかなか興味深い解釈をしていました。いわく、最近ではレジャーで釣りをしている人たちがたくさんいて、釣っては人にあげているから魚が売れないし、安くなるのだと。

まあ、魚が安くなっているのはグローバリゼーションとかいろいろな要因があるんでしょうから、それだけに原因を求めるのはどうかと思いますけど、その一方で、たしかにかつて海は漁師のものだったのに、今はそれがみんなに開かれて、大衆化していることも事実ですよね。実際、釣り人やボートの数はすごいですよ。

けっこう象徴的なシーンもありました。ワイちゃんが網を上げていたら、レジャーの釣り舟の錨《いかり》が網に引っかかってしまい、ワイちゃんの舟に釣り舟が衝突したりして、けっこう大変な事態になった。レジャーの人と漁師さんが同じ魚を巡り、しのぎを削っているようなところがあるのです。

実は、それは漁業にかぎらず、いろいろなことに言えることですよね。映像業界もそうです。かつては一握りのプロのつくり手しか映像をつくれなかったのが、いまや誰でもデジタルカメラでつくれるようになった。それとともに、巷《ちまた》に出回る映像の量そのものが増えて、映像の価値や権威自体が下落していく。だから、今わざわざ1800円払って映画館で映画を観るという人も減ってきている。それでプロが食えなくなっていく。

そういうこととも、すごくつながります。

「行ったらたまたまそうだった」というだけのこと

今回牛窓に撮影に行く時は、「平野さんという漁師さんを知っている」ということ以外、何も手がかりがありませんでした。そこにどんなことが待っているかなんて、まったくわからなかった。

僕は普段、「どんな人物でも場所でも、よく観察させてもらえば必ず何かおもしろいものが見つかるし、映画になるんだ」というようなことを言っていますが、実は新しいプロジェクトを始める時には、なんて言うのか、自分で言っておきながら100%は信じられないんですよ、そんなことは。

「カメラを持っていっても、そこにあるのはたぶん日常の延長線にすぎないはずだ」と普通は思いますから。だけどやっぱりカメラを回し始めると何かが起動するのでしょうね。何かが起動する。ちょっと変わるんです。たぶん。

不思議ですね。まさか中国に関係した映画を撮ろうとは、想像もしませんでしたから。そこに震災の影が映り込んだことについても、まったく想像してなかった。

逆に言うと、これを普通のテレビ・ドキュメンタリーみたいに狙うと大変だと思います。狙おうとすると、いろいろリサーチして「ここにこういう人がいる」「こういう工場がある」「中国人が来る日は？」と調べあげていき、それに予定を合わせて撮りに行く感じになるのだと思いますが、そんなに条件が整うことなんて、普通はないんですよ。

なぜかというと、先に「こういう条件」というものがあって、それに合うものを探すのって、すごく難しいことなんです。自分の条件が先にあるから、それに合うものを探すのは、とかく「ないものねだり」になってしまう。

でも観察映画の場合、「行ったらたまたまそうだった」というだけのこと。状況をファインドアウトしただけですからね。僕がこういう条件をアレンジしたわけでも、探していたわけでもない。そこにあったものをそのまま撮っただけですから。その順序だからいろいろすんなりいくんですね。テレビのドキュメンタリーと、順序が逆だからよいのでしょうね。

そのスリルを共有すると、もう他人事ではなくなってしまう

今回も「観る」とか「観察する」ということが、いちばんの鍵だったと思います。すべては、壁に貼ってあった「中国来る」というメモ書きに気づいたところから、始まったわけですからね。

やっぱり撮影に行くと、そこに置いてあるものや、貼ってあるものはよく観るようにしているんですよ。そういうものってけっこう「その人」とか「その場所」について雄弁だったりするので、やはり目を向ける。もしあのメモ書きを見逃していたら、もしかしたらみんなが中国人の話をしていても、あんまり気に留めずに聞き逃していたかもしれないですよ。そうすると、この映画は全然別のものになっていたはずです。

あと、カメラを回すから観察できるという面もあります。

カメラを回していないと、おそらくそこで中国人労働者のことを聞いても「へー、中国人の人が牡蠣むいてるんだ」で終わってしまうんですよ。終わってしまう。だけど僕はカメラを回しているので、普通なら受け流すような話を掘り下げていくわけです。だからこそ、そこにドラマが見えてくる。何かそういうおもしろい構造があるんですよね。

カミさんにもよく「あんたは映画を撮ってる時しか、観察眼が働かない」と言われます。実際、カメラを回していなかったら、本当にそんなによく観ていないと思います。気にも留めない。「へー」で終わっちゃう。素通りしているというか。でも素通りしないでよく観てみると、たしかにその人それぞれに毎日いろいろなドラマがあって、葛藤があって、それはやっぱり映画になるのです。

で、カメラを回しながら、牡蠣工場の人たちに自分の意識を重ね合わせていると、全部がドラマに見えてきますね。牡蠣をどうきれいにむくか、それをいかにはやくバケツに集めるか、それがいくらで売れるのか？　全部ドラマなのですよ。

でもこれ、映画を撮っていなかったら本当に他人事ですよね。べつに牡蠣を食べながら、普通はそんなことに思いを馳《は》せたりしません。だけどやっぱり、撮影をしていると被写体に意識を重ね合わせるので、自然にその人の気持ちになってしまう。だからすべてがドラマに見えてくる。

ワイちゃんについても同じです。僕らが休暇で見戸さんのお家に滞在していた時にも、ワイちゃんが漁港を出たり入ったりするのを毎日見ていたわけですけど、その時は「小さな舟で漁に出ているおじいさんがいるな」ぐらいの認識だった。

ところがいったんその人と一緒に漁に出て、しかもその漁をカメラで撮っていると、もうなんて言うか、一挙手一投足が重要な意味を持ってくるわけですよ。スリルになってくる。スリルですよ。つまり。

どんな職業のどんな人でも、みんなスリルを持って、精一杯毎日を生きている。誰でもそうなんですよね。だから、そのスリルを共有すると、もう他人事ではなくなってしまう。そしてそのスリルをきちっと描ければ、映画になるのだと思います。

《コラム》

牛窓、台湾、秘密保護法案

2週間あまり、夢中でカメラを回していたら、もう撤収の日である。カメラや身の回りの品の片付けはだいたい済んだ。階下では妻の柏木規与子がゴーッという音を立てて掃除機をかけている。

今僕らは、岡山県瀬戸内市の牛窓にいる。漁港に面した築150年の日本家屋の2階で、波と風と掃除機の音を聞きながら、この原稿を書いている。今日の牛窓は風が強い。そのため海には漁師の姿をほとんど見かけない。昔ながらの木組みの窓からは、冷たいすきま風が入り込む。すぐそこまで冬が来ている。

牛窓に滞在するのは今回で3度目である。柏木の母の同級生のお宅がたまたま空いているというので、去年この家に滞在させてもらって、すっかり気に入ってしまった。だから今年の夏は、思い切って1カ月の休暇をここで過ごした。そのうちに、ここで観察映画を撮りたいと思い始めた。

と、書いたところで、聞き慣れた車のエンジン音が聞こえた。窓から外を覗《のぞ》くと、拙作『Peace』にも登場した軽四輪の福祉車両「喫茶去号」が見える。柏木の父が僕らを迎えに来てくれたのだ。荷物を車に積まなくてはならない……。今夜は岡山市にある柏木の実家に泊めてもらう。この文章の続きは、また後だ。

場所と日付が変わって、新幹線の中である。早朝、岡山の柏木家を出発し、関空を経て台湾に向かう。台南で『演劇1』『演劇2』の上映後、質疑と、観察映画の方法論についてのレクチャーを頼まれたのだ。

時計を見ると、午前6時25分。日の出前である。新幹線は閑散としている。僕が乗り込んだ車両には乗客が4、5人しかいない。

日の出が6時35分頃であることは、あらためて調べなくてもわかっている。牛窓では、主に漁師たちの日常に密着していた。漁師の朝は早い。だから普段は宵っ張りの朝寝坊の僕らも、夜9時頃には寝て毎朝5時頃に起きていた。暗いうちにカメラを回していると空が白み始め、やがて朝日が昇る。牛窓の海が黄金に輝く。

いつものことだが、牛窓の漁師たちを映画に撮りたいと思った発端は、ふとした気づきや疑問である。

去年の秋、家の2階から外を眺めていると、漁船らしき舟が港を出入りするのをよく見かけた。2、3人しか乗れなそうな小舟ばかりだ。

「みんな後継者がいないんだって」

規与子の報告によれば、漁に出ている漁師たちのほとんどは70代から80代の高齢者である。彼女は毎日、浜で太極拳をしているので、いつの間にか漁師たちと顔見知りになっていた。時には獲れたチヌだのグチだのをいただいてきたりした。

「昔に比べて、魚が全然獲れないらしいよ」

僕は生来の出不精なのであまり外に出ないが、規与子を通じて浜の漁師たちの世界に触れ、関心を抱き始めた。

継ぐ人がいないうえに、魚が減り続けているということは、牛窓から漁師はいなくなるのだろうか。いや、もしそれが全国的な傾向だとするならば、日本の漁業はどうなるのだろうか。漁師たちの日常を、一度じっくり観察させてもらいたいものだ……。そう思った瞬間に、僕の脳内に映画の種が宿った。

ここまでパソコンのキーボードを打ってふと見上げると、新幹線の車中に備えられた電光掲示板にニュース速報が流れた。秘密保護法案に反対する集会が東京で開かれ、1万人が集結したらしい。

「そういえば、秘密保護法案も山場だな」

牛窓にこもって撮影に励んでいた間、きちんとニュースを読む時間がなかった。ツイッターにもフェイスブックにも、ほとんどログインできなかった。そのうちに、あれほど懸念していた法案なのに、どこか遠い国の出来事のように感じられ、その行く末を見守らなければという意欲が薄れかけていた。だから電光掲示板でニュース速報を目にした時は、突然「娑婆《しゃば》」に引き戻されるような感覚を覚えた。

急に法案のことが気になり出したので、携帯を通じてパソコンをネットにつなぎ、ニュースをチェックする。すると、日本維新の会が与党との法案修正に合意したという記事が飛び込んできた。数日前は、みんなの党が「首相を第三者的な機関とする」という馬鹿げた修正案を飲んだことが報じられたばかりだ。映画づくりに専念している間に、日本の民主主義の危機が深まっていく。

牛窓では、島倉千代子が亡くなったこととか、キャロライン・ケネディが駐日大使として来日したことなどは、時おりみんなの話題に上っていた。しかし秘密保護法案のことは、ついに一度も法案名すら聞かなかった、カー・ラジオから流れてくるニュースを除いては。

実際、カメラごしに漁師たちの世界に自分の意識を重ね合わせ、自分も漁師になったような気分で生活していると、はるか離れた東京でスーツを着た国会議員があれこれ騒いでいる法案などよりも、「今朝獲れたメバルの大きさ」とか、「今日は何kg牡蠣がむけるか」とかのほうが、よほど切実で重大事に思える。

これはべつに批判でも皮肉でもない。人間の生活とは、基本的にそういうものだ。抽象よりも具体、なのだ。

にもかかわらず、秘密保護法案が通れば、その影響はいずれ確実に牛窓の漁師の生活にも及ぶはずだと思う。彼らに後継者がいなかったり、瀬戸内海の魚が減ったりしているのだって、たぶんかつて中央で決められた方針や政策が遠因となっているはずなのだ。

しかし、その因果関係は複雑すぎて見えにくい。だから関心も維持しにくい。生活が忙しければ、政治について調べたり考えたりする時間もない。ここに民主主義というシステムの本質的な難しさがある。

と、書いている間に、新大阪にたどり着いた。関空へ向かう「はるか」に乗り換えなければ。続きは、また後で……。

今、僕は台北へ向かう機内にいる。

四国上空に差しかかると、瀬戸内の青い海が眼下に広がる。あの海の片隅で、今日もワイちゃんたちが魚を獲っているのだろうと思うと胸が熱くなる。昨日まで僕もそこにいたということが、なんだか夢の中の出来事のようで、信じられない。

ワイちゃんというのは、僕らがカメラを向けさせてもらった86歳の漁師である。腰を曲げて陸の上をよぼよぼ歩いている姿を見ていると、あんな調子で舟に乗るのは危険なんじゃないかと余計な心配をしたが、撮影のために舟に乗せてもらって酷《ひど》く反省した。70年も漁師をやってきたワイちゃんは、いったん海に出ると別人のごとくキビキビ、シャキッとしている。まったく危なげない。

危ないのは僕ら「海の素人」のほうなのだ。

おっと、そろそろ着陸か。台湾って近いな。パソコンを閉じなければ……。


台北空港に着いた。

張若涵さんが、僕の名前を書いたボードを持って迎えに来てくれていた。彼女は、台湾のドキュメンタリー作家を支援する非営利組織、CNEXのスタッフである。メールではずっとやりとりしていたが、会うのは初めて。CNEXと仕事をするのも初めてである。僕は張さんのことを（なぜか）男性だと思い込んでいたので、彼女が大学を出たばかりの若い女性であることに軽い衝撃を覚えた。

新幹線にそっくりな台湾高速鉄道に張さんと乗り込み、台南へ向かう。混雑のため続きの席が取れなかったので、張さんとは離れた席に座る。

さて、原稿の続きを書くとするか……。

外国で新しい人々と仕事をするたびに不思議に思うのは、なぜ僕は初対面にもかかわらず彼らを信用し、安心して一緒に仕事をしたりできるのか、ということだ。今だって、もし張さんが詐欺師か何かだったら、右も左もわからぬ異国の地で変なところに連れていかれて、僕の運命は万事休すであろう。

でも、僕には「そうはならない」という変な確信がある。それは張さんがどう見ても詐欺師に見えないからというのもあるが、理由はたぶんそれだけではない。おそらく僕は、基本的に他者や人間社会のルールやシステムを信頼しているのだと思う。だからこそ、「大丈夫」と思える。

いや、そういう信頼を抱いているのは僕だけではない。たとえば、初めて入るレストランで食事をするとする。その時、なぜ僕らは「出てくる食事には、たぶん毒は入っていない」と思えるのだろうか？　それはやはり、人間や社会システムに対する信頼がベースにあるからであろう。

逆に言うと、そういう信頼関係が成立しにくい社会では、とても暮らしにくい。人に会うたびに、外出するたびに、食事をするたびに、「殺されないだろうか」「騙されないだろうか」と警戒しなければならない生活は不幸だ。効率も悪く、世の中が回りにくい。

そこまで考えて、ふと思った。

安倍晋三首相が悪用しているのも、日本人が他者や社会システムに抱いている「基本的な信頼感」なのではないか。

「TPP（環太平洋戦略的経済連携協定）も秘密保護法案も自民党改憲案も、たしかに危険な感じもするけど、日本の政府がそう悪いようにはしないはずだ」

日本の主権者の多くには、そういう「なんとなくの信頼」があるような気がする。東日本大震災や福島原発事故を経ても、まだそれはある。そのこと自体は、決して悪いことではない。

だが問題は、TPPも秘密保護法案も自民党改憲案も、掛け値なしに危険だということだ。日本の民主主義は本当に終了しかねない。

張さんを「大丈夫な人」と信頼し、彼女に導かれるままに高速鉄道に乗った僕と同じように、日本の主権者たちは安倍氏らを信頼して、彼が運転手を務める列車に乗り込んでしまったのではないか。

そして列車の舵取りを託されたのをいいことに、安倍氏は日本人をとんでもないところに連れていこうとしている。ものすごいスピードで。乗客たちが日々の生活に忙殺され、列車の行き先を確かめることを怠っている間に。

だが、安倍自民党の目指す目的地に着いた後で「それ」に気づいても、手遅れなのである。

（マガジン9／2014・11・27）

III

第3回取材
〔ログ起こしの途中〕
取材日：2014年4月15日
@上野　カフェラミル

1　何でどう撮るのか？

自分のマテリアルを知って、ファインドアウトしていく過程です

前回の取材からもう4カ月も経っているんですね。

実は編集するところまで、まだいっていないんですよ。撮影した映像を観るのも、まだ途中です。

なぜかというと、まずテクニカルな問題なんですが、今まで使っていた編集ソフトが古いので、新しいカメラで撮った素材をうまく扱えない。そこで新しい編集ソフトに乗り換えなくてはいけなくて、どのソフトに乗り換えるべきか、いろいろリサーチして選んだんですけど、それがけっこう大変なんですよね。

設定のこととか、いろいろありまして、本当に試行錯誤して、これでやっと編集作業を始められるなと思ったのですが、その間に、最近執筆の仕事がすごく増えてしま

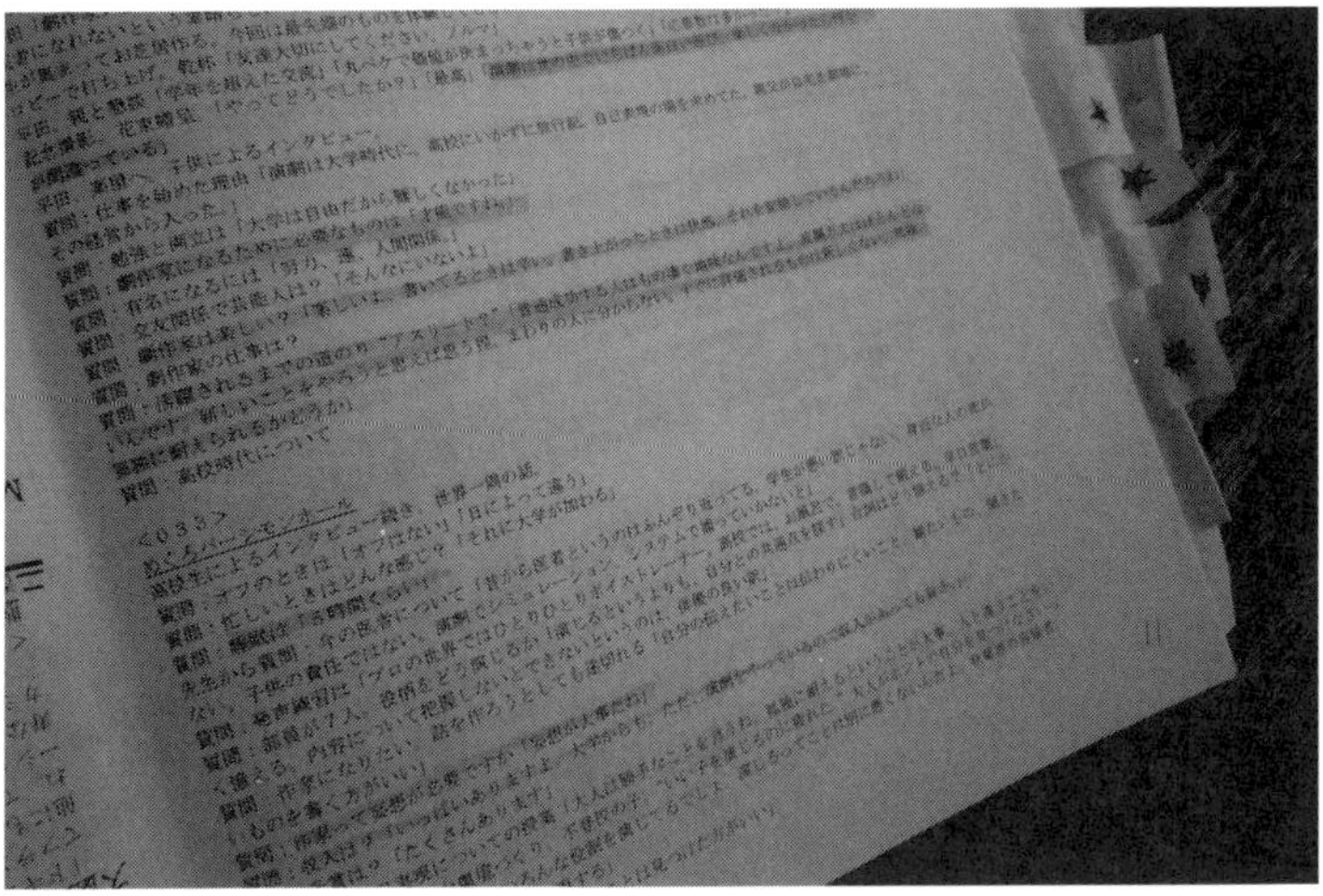

『演劇1』『演劇2』のログシート

いまして。メルマガも始まり、これがけっこうヘビーなことになっていて。だから、精神的にも時間的にも執筆に力を注がなくてはいけなくて、映画のほうにあまり集中できず、映像を観る作業もまだ最初の……、何時間分くらい観たかなぁ。まだ本当に出だししか観れていません。映像をリアルタイムで観て、ログし始めたところです。

こうやってログを書いています。映像の中で起きていることを、基本全部書き起こす。

『演劇1』『演劇2』は、307時間も映像素材があったので、全部観てログするのに6カ月かかりました。『演劇』のログはすごいですよ。本みたいに分厚い。いちばん小さいフォントで60ページある。こうやって場所を書いて、アクションを書いて、セリフを書き起こしています。ログは大変な作業ですけど、これをしないと何がどこにあったかわからなくなってしまいます。以前は手書きで書いていたのですが、最近はパソコンでテキスト化しています。後で検索できるので、便利です。行の頭の数字はショット番号です。

ここに「途中から音が変」と書いてありますが、このクリップにテクニカルな問題があるんですね。これはたぶん編集ソフトのバグで起きているのですが、まだ解決できていないから赤字にしている。

すべて書き起こしていくので、ここで今、力尽きて。でも、こういうことを毎回やっています。ドキュメンタリーの編集では、かなり一般的なやり方だと思います。僕だけじゃない。端折《はしょ》ってしまう人もいますが、でも、けっこう急がば回れで、これをやっておくと後ですごく便利です。やらないと後で「あの映像、どこにあるんだっけ?」となりますから。

ログを起こす時点では、映画の場面の順番についてはあまり考えません。とりあえずひたすら起こします。ただ、起こしながら、「あ、ここおもしろいな」と思う箇所

23）色紙。神棚。「想田さん？新聞でみた」「映画。晴れのち晴に家族が出とる」牡蠣むき。

24）反対側へ。「こっちは大人しい」「帽子かぶってないし」「いつから撮影？」「4日前から」「ちょうどいいときに来ましたね。あんなのないですよ（プレハブのこと）」女将さんの息子。「一斗缶5000円うんぬん」「子供連れて来る」「親方さんのお母さん」息子さんが子供を連れてくる。「5か月」「お孫さんがいるようにはみえないですね」「もっと大きいのがいる」「ここは孫持ちばーじゃ」女将さんの作業。

25）生牡蠣の料金表

26）山下たかしポスター

27）NG

28）平野作業所。お婆さんの会話。

29）あかりちゃんをだっこしながら奥さん、お湯をポットへ。車へ。宮城ナンバー。去る。

30）プレハブの「土足禁止」

31）プレハブ内の鍋など

32）干してある毛布。

33）電気屋。路地に入る電気屋。

34）中丸水産外景。

35）中丸水産外景。

36）電気屋二人組。「白線」「撮っとるんですか？」

37）電気屋二人組、屋根の上。

38）屋根の上の電気屋。

39）25年度　筏の地図。

40）4／2筏ならべ

41）筏の地図の数字

42）渡辺「今日はどこに？」渡辺牡蠣むき。おばちゃんと会話。「汽車のルートがうんぬん」「僻地」。途中から音が変。

『牡蠣工場』のログシート

は出てくる。

これは、撮った時とおもしろさがシンクロする時もあるし、まったく違う時もあります。撮っている時にあんなにおもしろいと思ったのに、今観ると大したことないとか、逆に、撮っている時は半ば惰性で回していただけなのに、後で観るとすごくおもしろいものが映っているとか。そういうことが、ときどきありますね。

　そういうことを僕自身が確認していく作業だから、外注できない。自分がやらないといけない。面倒臭がって外注する人もいるみたいですが、でもそれは僕にとっては二度手間というか。自分にとっ

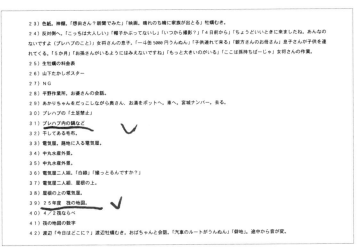

て必要な作業なので、自分でやらざるを得ない。

マテリアル（素材）を知るということなのですが、自分のマテリアルを知って、その何に惹かれるのか、惹かれないのかということをファインドアウトしていく過程です。自分自身と素材との擦り合わせの作業でもありますね。書き起こす時も全部書き起こすのではなくて、キーワードを起こしていくわけですから、その過程である程度整理していくのでしょうね。頭の中をね。

地団駄を踏むことも多いですね

撮る時の観察のモードと、撮れた映像を観ている時の観察モードでは、働かせるセンサーみたいなものはずいぶん違います。

撮影というのはものすごくフィジカルな、身体的な操作なんですよ。本当に。観察だけしているわけにはいかないんですね。

観察して気づいたことを映像に翻訳するためには、最低限カメラを安定させないといけない。カメラを動かすならスムーズに動かさないといけない。いろいろなことをクリアしないといけません。露出や画角やピント、動く時につまずいて倒れないようにするとか。カメラがガクッとなった瞬間に、その映像は使えなくなっちゃうこともありますからね。いろいろなことに注意しないといけないんです。

ものすごく疲れる、精神的にも身体的にも負荷のかかる作業です。カメラはけっこう重いしね。ときには、アングルのために無理な姿勢で撮らないといけないし。画のために自分の身体のすべてを犠牲にしないといけない時もあるんですね。

それを横で見ているカミさんは、「あんなムリな姿勢をしていると、身体を壊すよ」とか、いろいろ小言を言うんです。彼女はダンサーだし、太極拳の先生なので。それはわかっているんですけど、画のためにはしょうがないというのがあるんですよ。ほんと、ぎりぎりの体勢で撮っていることはよくある。

だから、撮影の時に発揮している「観察」は、本当に不完全で。いろいろなことを同時にやっているので、観察に全神経を集中するわけにはいかない。見逃すことがたくさんあるんです。もちろんなるべく見逃さないように、観察眼をフルに作動させるわけですけど、だけどそれでも絶対見逃すんですよ。

編集の時は映像を観ていればよいだけなので、気づくことも増えるというか、それで地団駄踏むことも多いですね。「なんだ、こんなにおもしろいことが起きてたのに、それに気づかずカメラが全然追えてなかったな」とかね。「実はここが大切だったのに、全然違う部分を撮ってた」とか、ミスっていたことにも気づくんですよ。

だから、撮影もうまくいったものだけが、映画の中に残っていく。ものすごくおもしろいことが起きていても、撮影が致命的に失敗していれば映画には使えない。

撮影が失敗した時に、ドキュメンタリーでも被写体に「今の、もう一回やって」とか頼むつくり手は多いし、むしろ普通ですけど、僕は基本的にやらないようにしています。なぜかと言うと「もう一回やって」と言ってやってもらったものを、使ったためしがないんですよね。ほぼ。

おもしろくないんですもん。だいたいおもしろくない。あとは、それをやることによって、被写体との関係性が変わってしまうので。「もう一回やって」と言ってやってもらうと、また次からも、僕の指示を待ってしまったり、なんて言うか、モードが変わってしまうんですね。

機械を使っているようで使われているところがある

撮ったままの生の映像素材をラッシュと言うんですけど、僕の場合、基本的に撮影期間中にラッシュを観たりしないんですね。だから今までは、ログを起こす時に初めて自分が撮った映像を観ていました。

ところが今回は、それこそ本当にテクニカルな問題なのですが、新しいカメラがテープではなくファイルベースなので、映像素材を全部ハードドライブに転送しないといけないんですよ。撮ったらすぐに。要するにバックアップをつくっておかないと、消えてしまう可能性があるので危ないのです。

ですから、撮影期間中は、家に帰ったあと夜中に3つのハードドライブにコピーする作業をしないといけない。毎日その作業はしないといけない。そうするとその時に少し気になって映像を観たりとか。あとはやっぱりコピーしたものがちゃんと動作するかどうかを確認しないといけないので、プレイしますよね。そういう意味では今回初めて、撮った直後に画を観るという作業をしています。全部を観るのではなくて、要所要所ですけど。

そういうものに相当ディクテート（左右）されるといいますか、機械を使っているようで使われているところがあるんですよ。機械が変わることによって、撮影の内容とかスタイルとか、そういうものが変わってしまう。実はその歴史が、ドキュメンタリーの発展の歴史だったりするんです。

たとえば、僕が観察映画のお手本にした「ダイレクトシネマ」[※1]という手法やスタイルも、まずは機材の発達から始まった。つまり16㎜の軽量なカメラと録音機材ですね、それが開発されたのが1960年頃です。

その結果、シンクサウンドといって、画と音を同時にとるということが、コンパクトな機材でもできるようになった。それで初めてドキュメンタリストは、現実にダイレクトにカメラを向けて同時に録音もして、ナレーションなどを使わずに、とれた映像と音をそのまま構成して映画にしていくという方法を獲得したわけです。

それによってフレデリック・ワイズマン[※2]とかメイスルズ兄弟[※3]とかD・A・ペネベイカー[※4]のような、ダイレクトシネマの作家が出てきたわけです。これは本当に、技術革新がなかったらあり得なかった。そういう人たちは才能の使いようがなかった。技術革新によって歴史が大きく動いたんです。ドキュメンタリーの歴史が。

その次の大きな波は、デジタルです。1995年にソニーがVX1000というカメラを発売して、それによって初めてビデオで撮って編集してそのまま上映するというような、デジタル映画の形態が可能になりました。

映画作家がフィルムという高価な素材を使わずに映画をつくれるという状況になって、いわゆるデジタル革命が起きた。とくに何十時間、何百時間もの映像素材が必要なドキュメンタリーには、大きなインパクトがあった。

僕の映画も、まさにデジタル革命の恩恵を受けています。今こんなに多くの人がドキュメンタリーをつくって、しかもそれが劇場公開されるのは、その技術革新なしには絶対にあり得なかったわけです。

人間の視点で人間についての映画を撮るための機械だったんだな

道具によって我々の表現の可能性や領域やスタイル、視点すらもディクテートされている。最近、『リヴァイアサン』[※5]というドキュメンタリー映画の批評を書いたのですが、それがまさにそのことを感じさせる映画でおもしろかったです。

GoPro《ゴープロ》を11台使ってるんです。GoProというのは防水機能付きの超小型カメラなんですが、これはもともとは、たとえばハンググライダーとかダイビングとか、アウトドアの人たちが頭などにくっつけて映像を撮れるという、そういうスポーツのために開発されたカメラなんですね。

それをハーバードの文化人類学系統の映画作家の2人組が、漁船を撮るのに使った。聞けば、彼らも最初は普通のカメラで撮っていたらしいんですよ。ところが漁船って、こないだ自分も身をもって感じましたが、すごく揺れる。それでカメラを2台も海に落としてしまったそうなんですね。落としちゃって、困ったなぁという時に手元に残っていたのはGoProだけだった。仕方がないからGoProで撮り始めた。

そうしたら、ブレークスルーが起きた。GoProって本当にいろいろなところにつけられるんです。たとえば、甲板に放り出された死んだ魚にくっつけておくとか、ロープに吊るして海水に入れたり出したりすることもできる。そうすると、死んだ魚やカモメの視点で映像を撮れてしまう。もはや人間の目じゃないんですよ。人間以外の視点で漁船を撮った映画になっているんです。

これは、まさにGoProという新しい機械が発明されたから獲得できたスタイルでしょう。逆に言うと、今までの「普通のカメラ」というのは、人間の視点で人間についての映画を撮るための機械だったんだな、ということを確認させられたといいますか。

普通のカメラというのは当然、人間が持ちやすいようにできているし、人間が操作するようにできているんです。人間の見える視野を再現するとともに、人間を撮るのにいちばん適している画角に設定されています。ですから、普通のカメラを使った時点で、それはほぼ必然的に、人間の視点による、人間についての映画になってしまう。だから、その「落とし穴」と言うと変なんですけど、自分も知らず知らずのうちに、罠《わな》にはまっていたなあということに気づかされたんですね。

というのも、今まで僕が撮ってきた映画も、全部人間の視点による人間についての映画なんですよ。煎《せん》じ詰めると。人間の視点で人間を撮っているんです。それ以外の映画を撮っていなかった。それはなぜかと言うと、おそらく機材のせいなんですね。普通のカメラを使っているから、必然的に人間中心のヒューマニズムな映画になっている。

要は、人間の視点をシミュレートするのが「カメラ」という装置なんですね。それは劇映画もそう。劇映画のカメラも基本的にはそのためにつくられている。だから、劇映画もおそらく99・9％が人間についての映画。それを僕は人間中心主義というか、ヒューマニズム至上主義として最近は批判的にとらえ始めているのですが。

つまり、映像文化も本当に人間中心主義に支配されているというかね。この人間中心主義の弊害で、環境破壊などの問題が起きているわけですよ。だから、映像も実はこれからは「脱人間中心主義」が必要なんじゃないかなと、ちょっと思っている。『リヴァイアサン』はそれを見事にやってのけましたね。だから、観ながらちょっと悔しかったですね。悔しかった。やられたぁ～と。僕ら映画屋の宿命として、いい映画を観ると賞賛するだけじゃなくて、やっぱりどうしても「やられた」と思ってしまうね。

2 編集の目的は何か？

抽象的な何かが導き出されていかないと、編集は失敗

編集の話に戻しますと、外山滋比古《とやましげひこ》さんの『思考の整理学』（ちくま文庫）という本があります。あの本の中で、一次情報と二次情報というものがあり、一次情報というものはまさにマテリアルで、それを組み合わせたり編集したりすることによって二次的な意味が生じてくる、抽象化が進んでいくという話があります。

観察映画の編集という作業は、まさにそれなんです。

一次情報の部分は映像ですね。で、その映像の断片を積み重ねていくと、それとは別の二次的な次元の抽象性が出てくるんですよ。で、編集の目的というのは、最終的にはその抽象性にたどり着くことだと思います。

映像というものすごく具体的なものを扱っているんだけど、そこから抽象的な何かが導き出されていかないと、編集は失敗。無意味の世界では人間って生きていけないんですよね。だから、なんらかの意味、抽象性が出てくることを目指して、編集をしていく。

もっとスペシフィックに言うと、たとえば『選挙２』は、最後のショットをわかっ

『選挙2』のラストショット

てもらうために、映画全体を組み立てている。演説をしている山さんからカメラが次第に遠ざかっていく、あの最後のショットについて、「日本社会の本質があそこに凝縮されていた」という感想を言ってくれる人が多いんですけど、それはまさに僕にとっては「わが意を得たり」でして、そう感じてもらえるように映画全体を構築しているわけなんですね。

『選挙2』は2時間30分の映画ですが、最後のショットにいたるまでの2時間29分がなければ、最後のショットは活きてこない。あのショットだけ観ても、みんな何も感じないですよ。あれはただの映像の断片、一次情報なんです。「あぁ、何か山さんが演説してるなぁ」「そこからカメラが遠ざかってるな」というだけでしょ。

　でもそこに「今の日本の空気が映っている」とか、「あぁ、たしかに自分たちにはこのように世界が見えている」というように感じるとしたら、それはなぜかというと、最後のショットのために伏線が張られているからですよね。そう、伏線。極端な話、2時間29分の映像は、すべてがラストショットのための伏線だと言ってもいい。そのくらいの勢いで、僕はラストに向かって映画を構築しているんです。

　それは『演劇1』もそうです。『演劇1』の最後のシーン。これは、志賀廣《こう》太《た》郎《ろう》さんの誕生日のサプライズパーティーの場面です。サプライズパーティーの場面なんてどこにでもある日常で、そのシーンだけ観ていたら、単に「みんな楽しそうだな」「サプライズパーティーなんだなぁ」だけでしょ。

　でも、おそらく『演劇1』を冒頭から観てくれた人は、「あのシーンに演劇の本質を見た」とか、「人間って本当に演じる生き物だな」とか、「あ、僕もしょっちゅう演じている」という、そういうリフレクションや洞察をしてくれると思うし、そうなってほしいと思いながら編集しているわけです。抽象性にたどり着いてもらう。

　ただ、それをやりすぎるとわかりやすくなりすぎるし、押しつけがましくなる。だからバランスが難しいわけですが、それは僕はナレーションや音楽やテロップを使わないというふうに、自分の手足を縛ることでバランスをとっている。

あらゆる手法を自分に認めてしまうと、僕はたぶん使ってしまうと思うんですよ。で、使うとすごくうるさい映画になりそう。暑苦しくなるような気がするんですよ。自分の性格的に。

基本的には、僕は懇切丁寧に説明するタイプなんです。僕のもともとの性質は、何でも説明したがるし、言語化したくなる。だから、たぶんそれを自分に許してしまうと、すごく月並みなナレーションを書いてしまうと思うんですね。

実際、僕のテレビ時代の作品は、必ずひと言多いんですよ。あとで観ると。だいたい、書きすぎている。だから、僕の場合は、ナレーションや音楽、説明テロップを使わないという縛りをかけることで、映像の多義性や解釈の多様性を担保しようとしている。

これは、けっこう強力な縛りですよ。だから、いくら僕が頑張ってプロパガンダのように画だけつないでも、必ず多義的な解釈の余地が生まれるんですね。なぜなら映像というものは、本来多義的だからです。そこに言葉を加えないと、いくら編集しようが、どうしてもコントロールしきれないんですね、意味を。でも、そのコントロールしきれないところが余白になる。と、僕は思っている。

映像と執筆の往復運動になるのならいい

そういう意味では、最近増えている「書く仕事」は、もっとコントロールラブルとも言えますすね。言葉にももちろん、言語ゲーム的な要素はあるわけですけど、映像に比べて意味が限定的ですからね。

書く仕事が増えていることについては、ちょっと複雑な気分です。いつも「この締切を乗り越えたら楽になる」と思って頑張って書くのですが、それが終わらないうちに別のオファーが来ちゃう。それはありがたいことなんですが、全部受けてると本当にエンドレスですよね。「一体全体オレは何をやってるんだ？」と思い始めるんですけど。映画の編集ができないんじゃしょうがないなと。

もともと書くことが好きなんだと思います。言語化する作業も好きだし、やりたいことでもあるんです。でも、そればっかりやっていてもよくないですよね。すごくよくないです。

映像と執筆の往復運動になるのならいいと思うんですけどね。しばらく書いてばかりいて、そこから映像の作業に戻るとすごく新鮮になるし、「あぁ、楽しい……」「戻ってきた……」という感じ、「ここはオレのいるべき場所」みたいになるんです。でもしばらく映像ばかりやっていると、それについて何かいろいろ溜まってくるんですよね、言葉にしたい欲求が。で、その欲求をまた吐き出したくなる。吐き出し尽くしてくると、まただんだんそれに疲れてくるといいますかね。全部出しちゃった、同じことまた言ってる、というような、そういう感じにまただんだんなってくるんですよね。それでまた映像に戻る、という感じに、パターンとしてはなってきていますね。

映画祭や講演会などでいろんな場所に行って、いろいろな人たちと接する機会もありますが、そういうことも作品に影響がないわけはないと思います。やっぱりどうしても人に会って話せば、その経験から自分の視点なり考え方はわずかでも変わりますからね。そして変わった自分が次の作品をつくるわけです。だから何らかの関係がないはずはないと思います。

なるべく悪い影響は受けないように気をつけています。簡単に悪影響を受けるので。たとえば、いちばんまずいのは、他人と接することで、競争心に火をつけられてしまうこと。競争心って、本当にねぇ。僕も下世話な人間なので、やっぱりあるんです。

他人の作品の評価のされ方とかを眺めながら、「こういうふうにすると人目を集めたり、評価されるのか」とか、そういうことはついつい思ってしまいますね。で、自分の作品よりも評価されていたりすると、競争心も湧くし、悔しくもなります。

でも、それはやっぱり、それこそ自分の身を焦《こ》がしていく落とし穴なので。渇望の世界に入ってしまって、キリがないですからね。おそらく僕が「あんなに評価されている、羨ましいな」と思っている人も、もっと評価されている人に対して、同じように羨望を感じているわけですから。必ず上には上がいますからね。逆に言うと、僕に対して嫉妬している人もけっこういると思いますよ、ははは。

それに、たとえ映画界のいわゆる「頂点」みたいなものがあるとして、そこに自分が達したとしても、必ずいつかは凋落《ちょうらく》しますからね。今度は過去の自分と競争するハメになる。競争というものは本当にキリがない。あと、「頂点」に立ったということは誰かを蹴落としていることであり、そうしたら蹴落とされた人はまたそれを奪い返そうとするわけですし。やっぱり敵に囲まれることになりますし。キリがないんですよね。無間《むげん》地獄ですよ。

それは頭ではわかっているんですが、ついつい競争心というのは、自分の中に灯《とも》ったりするんです。だから、今『アクト・オブ・キリング』[※6]にものすごく客が入っていてもね。あれは素晴らしい映画だから、素晴らしい映画が正当に評価されて客が入ることはうれしいんですよ。うれしいけれど、放っておくと、競争心にも火がつくわけです。でもそれはまずいなと。

同じような映画を撮ろうとしてもできるわけないんだしね。「じゃあ、『アクト・オブ・キリング』のような衝撃的な映画を撮ってやろう」というふうに思って、そんな映画を撮ってしまったら、いやらしい映画になると思うんです。絶対。だから、そういうことに影響されないようにすごく気をつけていますね。

もやもやしたものをそのまま育てておくという感覚

そういうふうに、映像を撮影してから編集するまでの日々にも、いろいろなことがあって、いろいろなことを感じる。早く編集しなくちゃっていう焦燥感もあるんですけど、まあでも、自然なタイミングでいいと思っています。締切はないんですから。今、独立してこういうスタイルでドキュメンタリーを撮っていることの、いちばん贅沢な部分で。

佐藤真[※7]監督は「時間の熟成作用」という言葉を使いましたけど、ワインみたいなものだと思うんですけどね。撮れた映像はブドウなんですよ。それが、熟成する時間はある程度必要で。ただ、熟成させすぎて腐っちゃう場合もあるので、そこは気をつけないといけない。いい頃合でやれるといちばんいいんでしょうね。

なんかこう、もやもやしたものをそのまま育てておくという感覚はありますね。今この瞬間に編集作業はしていませんが、なんとなくやっぱり常に考えているというか。もやもやもやもやしながら、時折、撮った映像がフラッシュバックのように思い出されたりとか。今見ている風景が、急に、撮った映像とつながってきたりとか。

観察映画の十戒

同時進行で、次の作品のことも具体的に考えています。

本当はね、この春からもう一本、違う映画を撮るつもりだったんですけど、予定が狂ってしまって、来年以降に延ばしました。

出身地の花火大会を撮りたいと思っているんですね。足利市に、100年続いている伝統ある花火大会があるんですけど、その様子を観察映画にしようという構想があります。もう市からは撮影許可をいただいていて、本当は今年ちょうど100周年なので、今年撮るのが良かったんですけど。

実は、アメリカの大学でいわゆる客員教授のようなかたちで映画を教える話があって、それとの兼ね合いなどから今年は撮影を断念した。ところが大学の話が土壇場《どたんば》で延期になってしまって、「だったら、今年撮ればよかった!」と。めちゃくちゃ痛いですね……。それがわかったのが、2、3日前なのですが、そういうことにいろいろ左右されますね。しょうがない。

ただ、もしかしたら、今年じゃなくて来年撮ったほうがおもしろい映画が撮れるかもしれないし、それはわからないです。僕は勝手に「100周年だから今年撮ったほうがいい」と思っていますが、それは単に数字の問題ですからね。毎年全然違うことが起きるわけだから、そこでおもしろいことを撮ればいいだけだ……。

という思考に戻れるのは、観察映画の10カ条があるからなんです。あの方法論とポリシーがないと、そこですごく悔しがったり、無理やり今年撮影しようとしてしまうと思う。

観察映画の10カ条を、最近僕は、モーセの十戒になぞらえて、「観察映画の十戒」と呼んでいます。

①被写体や題材に関するリサーチは行わない。
②被写体との撮影内容に関する打ち合わせは、（待ち合わせの時間と場所など以外は）原則行わない。
③台本は書かない。作品のテーマや落としどころも、撮影前やその最中に設定しない。行き当たりばったりでカメラを回し、予定調和を求めない。

④機動性を高め臨機応変に状況に即応するため、カメラは原則僕が一人で回し、録音も自分で行う。

⑤必要ないかも？　と思っても、カメラはなるべく長時間、あらゆる場面で回す。

⑥撮影は、「広く浅く」ではなく、「狭く深く」を心がける。「多角的な取材をしている」という幻想を演出するだけのアリバイ的な取材は慎む。

⑦編集作業でも、あらかじめテーマを設定しない。

⑧ナレーション、説明テロップ、音楽を原則として使わない。

⑨観客が十分に映像や音を観察できるよう、カットは長めに編集し、余白を残す。その場に居合わせたかのような臨場感や、時間の流れを大切にする。

⑩製作費は基本的に自社で出す。作品の内容に干渉を受けない助成金を受けるのはアリ。

これを明記しているおかげで、原点に戻れるんですよ。

これがないと、簡単に雑念にやられて、映画づくりの方針が別の方向にシフトしてしまう。「100周年」というキーワードで映画をあらかじめ括《くく》ろうとするような、月並みな考え方になるというか。普通のドキュメンタリーの撮り方になるというか。

よくやられている発想というものに引き戻されてしまうんです。引き戻されてしまうたびに「いやいや違う。自分がやっているのは観察映画であり、あの十戒を基本としてやっているわけだから、その精神からすると、今年だろうが来年だろうが関係ないはずだ」という結論に戻れるんですよね。自分にとって大事なことをルールにしておくと、立ち返りやすいです。

観察が自分を守ってくれる

人間には誰しも、あまり好ましくない雑念や欲望があると思いますし、それを抱いてしまうのはしょうがないと思うんですが、それをどうやって制御するかということですよね。制御しないと、なんというのか、手がつけられなくなってくるというか。それで苦しむのは自分自身なんですよね。煩悩《ぼんのう》にすごく引きずられる。僕はもともと煩悩が強いほうなので、けっこう大変なんですよ。

だから十戒を掲げることで、自分を守っているという感覚があって。僕なんか、もともとはすごく怒りっぽいタイプなので、ちょっと映画づくりが思うようにいかない

と怒りが湧いてくるんですけど、いやいや、そうじゃないだろう、自分の思うように
いかないのがドキュメンタリーの醍醐味《だいごみ》だろう、と。観察映画の十戒は、そういうこ
とを思い出させてくれる。

雑念や欲望や怒りに身を焦がしてしまうと、自分を破壊していくと思うんです。だ
からやっぱり防御手段なんだと思います。禁欲というよりも防御なんです。危険に満
ち溢れているこの世の中で、どうやって雑念や欲望や怒りに身を焦がすことなく、な
るべくハッピーに映画をつくっていけるかという。

映画製作を離れても、本当に、怒る材料に満ち溢れているじゃないですか、この世
の中。もう何を見たって怒れるというか。

最近の政治なんか、もう怒る材料しかない、みたいな。「お前らオレを怒らせるた
めに政治やってるのか」みたいなね。でも、毎回怒っていると自分自身が破壊されて
いくのがよくわかります。体調も悪くなりますからね、怒ってばかりいると。猛毒が
身体に充満していくという感じがあって、よくないです。

そういう怒りから自分を守るためには、「あぁ、今怒ってるな」とか、それこそ観
察していくんですね。

観察が自分を守ってくれるというところがあります。仏教でもそう言われているんですよね。観ろと。怒っている時は怒りを抑えようとするのではなくて、観察しろと。たぶん欲もそうで、自分にとって何かよくない感情が湧いた時に、その感情を抑えようとするのではなくて、観ろと。観ることによって、なぜかその感情が沈静化されていく。不思議なくらい効果がある。実際にやってみるとおもしろいですよ。

3　どうすれば監督になれるのか？

「お前が反抗期の時は本当に毎日が嫌だった」

いろいろなことに怒りを感じるというのは、ずっと昔からそうでした。小学校低学年のとき、「なんで天皇は選挙で選ばれないんだ?」とか親父に食ってかかったり。

社会のシステムとか問題に対して、すごく敏感でした。子どもの頃から、政治家の言動や世の中の成り立ちというものに対しては、しょっちゅう文句を言っていました。

あとは、先生の横暴とかね。事欠かないですよ。うちの地方はかなり保守的なんですね。僕らの頃は先生による体罰も当たり前だったし、中学校の時は男はみんな丸坊主。ちょっと髪が長いと、先生に問答無用でバリカンで刈られちゃったり。かなりすごい環境だったので、そういうのに対する反発とか、怒りみたいなものはしょっちゅう感じていましたね。

反抗期の時は手がつけられなかったみたいです、親に言わせると。「お前が反抗期の時は本当に毎日が嫌だった」って。ははは。

親も家族もまったくのノンポリで、僕みたいなのが生まれたのは突然変異。不思議ですね。最近、僕が書いているものを読んだりして、その影響を受けて母や姉が行動し始めていますが。脱原発のグループやデモに顔を出したりしているそうですよ。

ただ僕は、小中高ぐらいまでは右翼的な少年だったんですよ。社会問題に対する怒りの感情があっても、それを思想的に体系づけるものといえば周りには右翼的なメッセージしかなくて、それに感化されるしかなかったんでしょうね。

小学校１年生

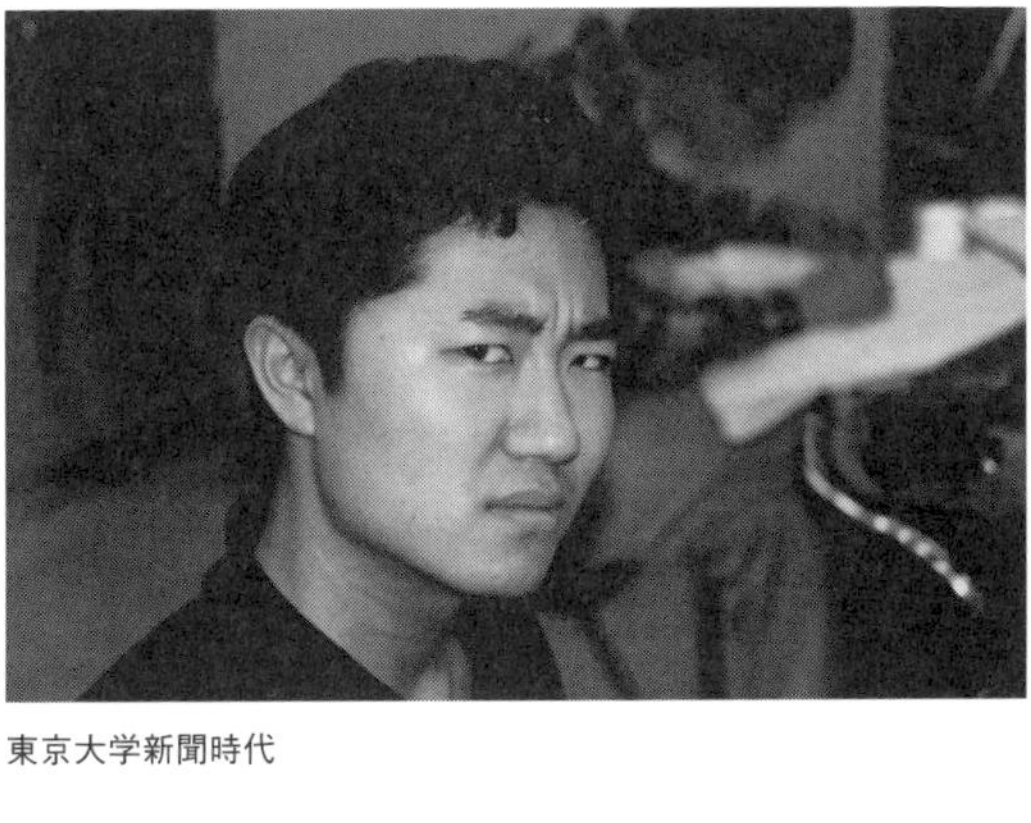

東京大学新聞時代

きっかけは本だと思います。覚えているのは、中学生の時に日本国憲法をこき下ろす本を読んで衝撃を受けまして。今思うと間違いなく「トンデモ」の部類の本なんですけど、「そうか……自分は日本国憲法は素晴らしいって教わっていたけど、アメリカに押しつけられただけの、こんなにひどい憲法だったのか」と思ったり。そんなこんなで、ゴリゴリの改憲派でしたよ、高校まで。

ところが、東京大学新聞に入った時に、周りがみんな左で。僕は産経新聞を購読していたのですが、みんなが朝日新聞を読んでいることにまず衝撃を受けて。「お前、産経なんか読んでるのか?」とか馬鹿にされて。ははは。

洗脳されていた頭を、今度は正反対のアイデアで洗脳するみたいなプロセスが、東大新聞で始まって。でも、それもだんだん行き詰まってきて、それでたぶん僕は3年生の時に燃え尽き症候群になって、新聞から脱落したんだと思うんですけど。何か、急にバカバカしくなってしまった。もっと人間の内面や生き方に興味を持ち、宗教学や映画のほうにシフトしていったんだと思います。

左右両方の菌に感染した経験がありますので

だから、右にしろ左にしろ危なっかしい感じの人をネット上で見ると、その人と会っていないのでよくはわかりませんが、僕の印象としては、僕が初めて右翼的な考え方にかぶれた時や左翼的な考え方にかぶれた時と似ているなあと。すごく付け焼刃ですよね。

免疫がないからこその洗脳のされ方といいますか。ほとんど初めて政治的な言説に触れたせいで、簡単に感染しちゃったんじゃないかな、という気がしますね。

僕の場合は、左右両方の菌に感染した経験がありますので、今ではやはりもう少し耐性があるわけです。「そう簡単には感染しないぞ」みたいなのがあるわけですよね。だから、今、感染しているような人を見ていると、「あぁ、きっとそういうステージなんじゃないかなぁ」と思いますけど。

本来なら、子どもの頃にそういう耐性を身につけるべきだと思っているんですよ。政治についての議論を教育プログラムに組み込むことで。

ところが、教育現場は今それをいちばん避けていますよね。政治的な思想教育のように受け取られるんじゃないかと恐れている。怖がっている。あれは非常によくないですよ。安倍政権になってからはとくにひどい。

本当は、政治的な免疫力をつける作業を子ども時代にやらないといけないんだと思います。大人になる前にやらないと。大人になってからそれを始めても、プロセスとして少し遅い。

政治的には赤ちゃんのまま社会人になってしまう

これはたぶん、教育全体の問題だと思います。教育システムが意図的にアボイド（回避）している。政治を語ることそのものを。

でも、それだったら、政治的に成熟した人間なんて生まれるはずがないですよね。難しい因数分解が解けたりとか、他の教科についてはいろいろ知識や技能があっても、政治的には赤ちゃんのまま社会人になってしまう。

政治的に赤ちゃん同様の人たちが、民主主義をつくれるはずがないじゃないですか。内田樹《たつる》先生が「教育というのは社会の成熟したメンバー、市民を育てていくためのプロセスだ」とおっしゃっていましたが、政治的に成熟したメンバーを育てる装置としては、教育はほとんど機能していないですよ。逃げているから。

本当は従軍慰安婦や原発の問題だって、小学校の頃から議論すればいいんですよ。「どう思うか？」って。それは教師が自分の見解を一方的に子どもたちに教え込むのではなくて、たとえば、原発賛成派と反対派に分かれて議論をさせるような授業をするとか。賛成派も反対派も、原発について自分で調べる。先生は調べ方を教える。そしてそれぞれの立場で立論して議論する。それが一段落したら、賛成派だった人は反対派に、反対派だった人は賛成派になって、もう1ラウンドやってもいい。そうするとそれぞれの立場のことがよく理解できるでしょ。あと、議論の作法も勉強できる。

ネット右翼とかの言動を見ていると、政治的にすごく幼稚ですよね。それはなぜかと言うと、当たり前ですが、まったく訓練していないからです。数学の勉強をしていない人が、いきなり難しい方程式を解けるわけないじゃないですか。それと同じで、政治的思考にも訓練というものが必要なんですよね。政治的経験を積む訓練ができていないという意味では、この国の教育は失敗していますよ。

まあ、それが為政者《いせいしゃ》の狙いなのかもしれないですけど。政治的に成熟していない人々は支配しやすいですからね。

本当は映画をつくりたいんだけど、自分にはムリだと思っていた

東大を卒業する頃、遅まきながら映画づくりを志したわけですけど、実は僕は子どもの頃から、ずっと映画をつくりたいと思っていたんじゃないかという気がしています。

実際、中学時代の同級生に久々に会うと、「夢が実現したね」と言われるわけですよ。「え？　何で？」って聞いたら、「だって、映画の字幕をつける仕事をしたいって言ってたじゃない」と。「あ、そういえばそんなこともあったな」と思うんですね。忘れてたんですけど。一時は字幕の翻訳家を目指して、戸田奈津子さんの本を読んだりしていた。

当時のことを細かく思い出すと、本当は映画をつくりたいんだけど、自分にはムリだと思っていたんですね。でも字幕ならいけるんじゃないかというふうに、勝手に予防線を張っていたような気がします。翻訳家のみなさんには失礼な話ですが。

なぜムリだと思っていたのかというと、たぶん映画という存在に対して、何かすご

く神秘性を感じていたのかもしれないですね。神みたいな人にしかつくれないというようなイメージが、たぶんあったんだと思います。

かといって、べつに映画好きで映画をたくさん観ていたとか、そういうことではないんですけどね。ただ、映画に対する畏敬《いけい》の念みたいなものは子どもの頃からあって。で、「世界を一からつくるような、神みたいな仕事を自分ができるわけがない」というような、何かそういうような気持ちはずっとあったと思います。たぶん。

小中学校時代は友だち同士で映画館に行くことが禁じられていたので、映画館に通い始めたのは高校時代かな。でも観ていた映画といえば、ジャッキー・チェンの映画とか、ハリウッドのアクション物とかホラー映画とか。

僕が1989年に地元の足利高校を卒業するくらいまでは、足利には古い映画館が3館くらい残っていたんですね。で、そういう映画館の末期には、ハリウッドの新作なんかでも、高校生料金が1000円とかで3本立てで観れたりするわけです。そういうのを友だちと一緒に1日中こもって観てたりとか、そういう思い出はあります。でも、どこも本当にボロい映画館で、座っていた椅子がいきなり崩壊したこともありました。

あとは、映写機がボロくて、しょっちゅう止まるんですよ。で、止まるたびに僕が映写室に行って、「止まってるよ」って技師に知らせたりとか。止まらないまでも、よく点滅したり、すごく状態が悪いんです。あと、地方だからかボロいプリントが回ってくることも多くて、巻が変わるたびに色が変わっていたりとか。

それがすごく自分にとっては、映画というメディアの神秘性を剝ぎ取るような効果があったかもしれない。映画って誰かによってつくられているもので、誰かがかけているものなわけじゃないですか。フィルムは物質だし、映写機が止まれば動きも止まってしまう。そういうふうに、映画の脱神秘化のきっかけ、もしくは原体験になったように思います。

「なぜ生きるのか?」とか「なぜ死ぬのか?」ということ

東大では宗教学を専門に選んで、最初は大学院に進みたいという気持ちもあったのですが、よく考えると僕はずっと机にかじりついて本を読んで、というタイプではないんですね。本を読むことが三度の飯より好き、みたいな人じゃないと研究者としてはどうなんだろう？　と考えた時に、自分はやっぱり違うことをやったほうがいいんじゃないかな、と。

あちこちに書いていますが、就職活動もやったんですよ。で、ある大企業の説明会に行ったら、応募者が1000人とか2000人とか一堂に会するんですよね、大企業の就職説明会って。で、そこにいる全員がリクルートスーツを着ていて、僕もまったく同じ服装をしていた。その自分の姿にすごく衝撃を受けて。

というのも、会社側からは「こういう服装をしてきなさい」とすら言われていなかったんです。それなのに僕は会社の意思を忖度《そんたく》して、リクルートスーツを着ていった。進んで支配されたがっている自分、というものをすごく感じました。

元反体制の学生としては、あまりに情けなかった。許せなかったですね、自分が。で、途中で帰ってしまって、就職活動もやめてしまったので、じゃあどうしよう？　というところに、映画監督になるというアイデアが、ほんと思いつきで来たわけですよね。昔から実は映画をやりたかったような気がする、という……。

あとは、小津安二郎[※8]の映画に出会ったのも大きかったと思います。記憶が定かではないのですが、たぶん、川本三郎さんが何かの雑誌に、小津の映画、『晩春[※9]』だったと思いますが、それについて小さな記事を書かれていて、そこに映画のストーリーが書いてあったんです。そのストーリーにえらく惹かれて、「この映画を観たい」と思った。僕、小津の映画も全然観ていなくて、まったく知らなかったのですが、「この人の映画、絶対観たい」と思って。でもレンタル屋さんにもなくて、しばらくは観れなかった。

ところが、そのうちにレーザーディスクで、『小津安二郎　戦後松竹作品全集』というのが出たんですよ。5万円くらいするんですけど、「これは観るしかないな」と思って買っちゃったんですね。学生で金ないのに。観たら本当におもしろくて、「すごいなぁ」と思って。そういうこともありました。

宗教学を学んでいた時に、「人間はなぜ生きるのか?」とか「なぜ死ぬのか?」とか、そういうことにすごく興味があって、葬式や臨死体験の研究などをやっていたのですが、やっぱり研究って必ず証明しないといけないんです。学問ですから。その手続きが、僕の関心とは少しずれるんですよ。

なんて言うのかな、証明できないんですよね。「なぜ生きるのか?」とか「なぜ死ぬのか?」ということは。それはもっと表現の領域なんです。そういうこともたぶんあったんじゃないかと思います。あとから考えてですけど。

その時はまったくそういうことは言語化していませんが、たぶん、自分のやりたいことは、表現者としてのほうがやりやすいんじゃないかと思ったんですね。学問ではなくて。そういうような感覚はたぶんあった。

あと４年、スネをかじらせてくれ

周りは驚いていましたけどね。

その当時の映画監督の仕事のイメージって、僕の中ではメガホン持って叫ぶとか、そのくらいしかなかったと思います。

だから僕が「映画をやるんだ」と言ったら、映画好きなやつからは反発をくらいました。「映画を知らないお前なんかが映画を撮りたいとは、映画を馬鹿にしてるのか」って。

僕に文句を言っていたやつで、今批評家になっているのもいますけどね。すごく白い目で見られたのを覚えていますよ。まぁ、実際、そういうやつが今僕の周りにいたとしたら、僕も白い目で見ると思いますけどね。ははは。

でも、その当時の日本映画って、ものすごくつまらなかったんです。日本映画といえばつまらない、というのが定評になるくらい落ち目だった。しかも、映画監督になる道筋といえば、それまでは助監督から始めるのが普通のやり方だったわけですが、もう映画会社は助監督を募集するのをやめていた。

とはいえ、誰か監督に頼み込んで弟子になるのも嫌だ。僕は上下関係が苦手なんですよ。怒鳴るとか怒鳴られるとか、蹴ったり殴ったりとか、ときどき耳にすることがあるんですけど、そういう羞《しゅう》恥《ち》プレイかＳＭみたいなのは、本当に身の毛がよだつほど嫌。もちろん幸福な師弟関係もあるんでしょうけど、自分から飛び込む気にはなれなかった。

「じゃあ、どうやったら映画監督になれるのかな?」と思って、いろいろ雑誌を読んでいたら、ジム・ジャームッシュ[※10]のインタビューに、彼が映画監督になったいきさつが書いてあって。彼はニューヨークの映画学校に行って、卒業制作が評価されて映画監督デビューしたんですね。スパイク・リー[※11]もそうです。

それを知って、「なんだ、そういう手があるのか」と。ほんとに僕って馬鹿ですよ。

今思うと、ほんとに甘いもいいところです。

でもその時は、ぱーっと目の前が開けたような気がしました。「なんだ、そうすればいいのか」と思って、ニューヨークに行くことに決めちゃった。

たまたま親の仕事も好調な時期で。親父はマフラーとかスカーフをつくる小さい会社を経営しているんですけど、まだバブルの余韻が残っている時代で、モノも売れたんですね、当時は。

「あと4年、スネをかじらせてくれ」と言ったら、「しょうがねえな」とか言って、全然反対もされなかった。1993年、ニューヨークにスクール・オブ・ビジュアル・アーツ（SVA）[※12]という美術大学があるんですが、そこの映画学科に入学しました。

4　生計をどう立てるのか？

フィルムカメラは本当にもう、お金を燃料として燃やす「機関」のようなもの

僕は東京で大学を卒業させてもらったわけだから、ニューヨークでは社会人のつもりで、緊張感を持ってやらないといけないと思っていました。だから映画学科に入ってからは、かなりガツガツ撮ったし、撮ったものは映画祭に出品しましたね。ドキュメンタリーには興味がなくて、学んだのは劇映画のつくり方。

周りとはずいぶん違いましたよ。みんな作品を撮るペースも遅かったし、年も下ですしね。みんな18歳になったばかりとか。僕は入学した時に23歳だったので、クラスメートのことをガキだなぁと思ってました。

その中で僕と同じような境遇のやつもいて、そいつらと意気投合したかな。僕がよく組んだカメラマンは台湾人なんですけど、彼も台北の大学を卒業してから来てい

て、同じアジア人だから感覚も似ているし、一緒にけっこうな勢いで映画を撮りました。生まれて初めて撮った『ニューヨークの夜』（1995年）という10分の短編も映画祭に出して、ヨーロッパの映画祭に参加しましたし。

4年間のプログラムなんですけど、3年の時にすごく背伸びをして長編の劇映画も撮ったんですよ。お金が本当にない中で撮るわけですけど、まだ学生映画も16㎜フィルムの時代だったので、フィルム代や現像代にお金がかかります。あとは、本当にセコイ話ですけど、カットが多くなればなるほど、ネガティブカットという作業にお金がかかる。

だから撮った長編映画は、1シーン1カットの白黒映画。カラーより白黒のほうが、フィルムがちょっと安いので。題名は『フリージング・サンライト』（1996年、85分）というんですけど、それはもう、ほぼ全部一発テイクで、入念にリハーサルをしたうえで、「1回しか撮らないよ」と言って。だから、1時間半の映画なんですけど、3時間くらいしかフィルムを回していない。そういうのをやりました。それでも、コストは100万円くらいかかりましたからね。学生にとっては大金です。

いずれにせよ、映像をいくらでも好きなように撮って、身体で映画製作を身につけるという時代ではなかった。フィルムカメラは本当にもう、お金を燃料として燃やす「機関」のようなものですから。学生なので35㎜ではなく16㎜なんですけど、それでもやっぱりすごくお金がかかるんです。

たとえば、400フィートのフィルムがだいたい1万円くらい。それで回せるのは10分くらいです。それを現像したりプリントしたりすると、1万円くらいかかるのかな。そうすると、10分に2万円くらいかかるんですよ。つまり1時間回すと12万円くらいかかる。

だから、フィルムはムダにできない。フィルムのテストみたいなことは、授業の一環としてやりました。「こういうライティングでこう撮るとこんなふうに映る」とか、「こういう状況で絞りをこれくらい開けると、このような映り具合になる」とか、シネマトグラフィというのですが、撮影技術の授業ではそういうことを勉強したりします。でも、実際にプロダクション（制作）に入ってからは、ムダなフィルムは一切回せない。

フィクション映画ですから準備はできるわけです。プリプロダクションというのですが、撮影の前の準備がものすごく大事なんですよ、フィクションの場合は。その中

『フリージング・サンライト』の一場面

SVA の編集室にて

でどれだけ練られているかによって、撮影のコストのかかり方が違ってくる。だから、ドキュメンタリーとはずいぶん違うやり方です。

その人がそこにいるというだけで、学ぶことが多い

しかもアメリカなので、とくにハリウッド式のつくり方を勉強するわけですね。撮影監督とは別にカメラオペレーターがいたり。「学生映画でそんな必要ないだろ」みたいなツッコミを入れたくなりますが、今思うと。だけど、そういう役割分担のことも学ぶために、大人数のクルー編成をして、映画を撮る勉強をする。

もちろん脚本を書いて、キャスティングもします。オーディションを開いて。ニューヨークというところは、売り出し中の俳優がウジャウジャいるので、「学生映画なので報酬はありません。だけど、できた映画はＶＨＳで差し上げます」という広告を『バックステージ』という雑誌に打つと、ひとつの役柄に対して１００人とか２００人とか応募が殺到するんですよ。

俳優からは、ヘッドショットと呼ばれる顔写真と履歴書が送られてくる。で、まずはその中から役に合いそうな人を選んで、オーディションに呼ぶわけです。呼んで、ひとつのシーンを演じてもらう。それをビデオカメラで撮っておいて、他のスタッフと相談しながらキャストを決めていく。そういうやり方を勉強しました。

SVAの学風は、すごく自由でよかったです。教えている人は大学の教授じゃなくて、ワーキング・プロフェッショナルというのですが、みんなプロの映画作家です。映画史や映画理論の先生以外は、全員そうなんです。だから実際的な訓練を重視する。

僕が慕っていた先生の1人は、チェコスロヴァキア（当時）から亡命してきた映画監督です。共産主義体制を批判した映画を撮って、アメリカに亡命せざるを得なくなった。彼からはすごく影響を受けました。なんといっても、映画づくりのために命を落としそうになった人ですからね。その人がそこにいるというだけで、学ぶことが多い。

『All My Good Countrymen[※13]（すべての善良な市民たち）』という傑作をつくった人で、この作品はカンヌ国際映画祭で監督賞を獲りました。日本ではヴォイチェフ・ヤスニー[※14]とか、ヴォイチェク・ヤスニなどと呼ばれている監督です。

ヴォイチェフ・ヤスニー先生

『フリージング・サンライト』は映画をつくることについての映画だったので、ヤスニー先生にご自身の役で出てもらったりもしました。これはね、ほんとに拙《つたな》い映画なのであまり人には観せたくない。今観るとすごく恥ずかしいんですわ。でもヤスニー先生のシーンだけは、けっこうおもしろいです。

商業映画デビューという夢はついえました

卒業制作は『ザ・フリッカー』（1997年、17分）という16㎜の短編。機材を確保しないといけないので、撮影の日は決まっていた。「この日は空けといてくれ」と言って、クルーもみんな押さえていたんですね。

でも、前日まで脚本を書けなくて。脚本を書けていないのでキャンセルだなと思ったんですけど、最後の最後に着想が湧いてガーッと書いて。オーディションとかをしている暇はないので、知っている俳優に声をかけて、「明日なんだけど来れる？」みたいな感じで撮った。ほとんどドキュメンタリーみたいな即興的な撮り方で。

でもこの作品は、なんとヴェネチア国際映画祭[※15]に招待されたんですよ。舞い上がる

『ザ・フリッカー』撮影時

ヴェネチア国際映画祭で北野武監督と

ような気持ちでした。１９９７年といえば、北野武[※16]監督の『HANA-BI』[※17]がグランプリを獲った年です。北野監督とも会場で会って、ご飯をご馳走になったりした。僕の泊まっているホテルに、あのジム・ジャームッシュやヴィム・ヴェンダース[※18]、ジェームズ・アイヴォリー[※19]とか、僕のあこがれの人たちがたくさん泊まっていて、その辺をウロウロしているわけですよ。だから思い切って話しかけたりして。

で、僕はもう、そこで勘違いするわけですね。自分も彼らと同じ土俵に乗れた、みたいに思ってしまって、商業映画の監督をするオファーがバンバン来るんじゃないかと思って。ニューヨークに帰ってからは電話が鳴るのをずっと待っていましたけど、１本しか話は来なくて。しかもその話も、そのうちに立ち消えになっちゃって。商業映画デビューという夢はついえました。

それで、いよいよもう親のスネをかじるのもやばいから働かなきゃいけないと思って、就職先を探したわけです。

ドキュメンタリーのドの字も知らない

それで入ったのが、テレビ用ドキュメンタリー番組の制作会社だった。この時点では劇映画の監督になることしか頭になくて、ドキュメンタリーなんてまったく興味ありませんでした。SVAでもドキュメンタリーのクラスもあったはずなんですけど、ひとつも取った記憶がない。

だから、会社に入ったのは本当に生活費を稼ぐことだけが目的で、自分としては腰掛けのつもりだったわけですね。

その会社は小さな会社で、社員が20人くらい。経営者がナンシー・リーというのですが、ユダヤ系アメリカ人の女性。昔、関西でテレビタレントをしたことがあると聞いていています。だから日本語ペラペラ、というよりも関西弁がペラペラなんですよ。でも、関西弁だけじゃなくて、英語はもちろん、フランス語、ヘブライ語、イタリア語、スペイン語くらいまでしゃべる。会社を経営しながらロースクールに通って弁護士資格まで取ってしまうという、スーパーウーマンなんですけど。

そのナンシーが、中村英雄さんという非常に優れたドキュメンタリストと一緒にNHK衛星第1のドキュメンタリー番組『NEW YORKERS（ニューヨーカーズ）』を93年に立ち上げた。それ以来、彼女の会社がレギュラーで番組をつくっていました。で、僕はこの番組の制作チームに97年から入ったんですね。

ウィークリーの番組なので、毎週1本、番組をNHKに納品しなくちゃいけない。20分の番組です。でも、会社には本当に人がいないから、僕なんか入社したその日に、中村さんからVX1000という小型のビデオカメラを渡されて「こういうの撮ってきて」とか言われて。「え？」と。

僕は当然、ドキュメンタリーのドの字も知らない。でも、文字通り初日から実践に投入されてしまい、わけわからないけどやる、みたいな感じだったんです。先輩のやっていることを見よう見まねで。

最初の役割は、プロダクションマネージャーというポジションだったんですけど。当時4人のディレクターがいて、その4人の番組制作を回していくんですね。ちゃんと毎週新しい作品ができるように、スケジューリングをして機材を手配して、カメラマンや音声や運転手などのスタッフを手配して、ということをするのが僕の仕事でした。

あと、NHKとのリエゾンですね。交渉窓口。ディレクターと一緒にオフライン編集（荒編集）の試写に行ったり、完成した番組の納品に行ったり。そこで番組の内容やさまざまな問題について、ディレクターとNHKのプロデューサーとの、ときには激しい議論や駆け引きを目撃するわけです。

これは勉強になりましたね。テレビ局のプロデューサーが何を喜んで何を嫌い、どんなことを言うものなのか。そしてそれに対してどう対応すると機嫌を損ね、どうするとうまくいくものなのか。毎週毎週、貴重な事例を見学させてもらったようなものです。で、僕はそういう場ではあんまり黙ってられない性分なので、ついつい横から口を出したりとか。ははは。

ディレクターの中にはアメリカ人やイギリス人もいて、彼らの担当回の場合には、僕が通訳をしながらプレゼンをしなくちゃいけないんですよ。NHKのプロデューサーは英語を話さないので。

あと、ナレーション原稿も英米人ディレクターは英語で書くので、僕がそれを日本語に訳し、字幕もつくる。その原稿は中村さんが読んで赤を入れてくれるんですけど、僕がものすごい意訳をして遊んでたりすると、おもしろがってくれるような人だった。だから翻訳にも毎回気合を入れて、いろいろ工夫しましたね。けっこう大変な仕事でしたけど、張り合いもあって、これもいい訓練になりました。他人のプロジェクトで、あれこれ練習や実験をさせてもらったようなものです。でも、万年人手不足みたいな会社ですから、僕もすぐにディレクターになってしまった。最初は本当に怖かったです。撮影現場にアシスタントとしてついた経験はなかったので、ほぼぶっつけ本番で、プロとしてドキュメンタリーを撮らなくてはいけない感じになったんですね。

そんなのドキュメンタリーじゃないよなぁ

ディレクターになると、4週間に1本番組をつくるのがノルマになります。ウィークリーの番組で、4人しかディレクターがいないので。

「20分番組をつくるのに4週間もかかるの？」と思われるかもしれませんが、4週間でもけっこう大変なんです。

1週目は、まずネタを探しますよね。『ニューヨーカーズ』というのは、毎週ひと

日本国憲法 GHQ 草案に女性の権利を書いたベアテ・シロタ・ゴードンさん（中央）と舞踏家の大野一雄さん（左)。ベアテさんが主人公の『ニューヨーカーズ』撮影時のスナップ

芸術家の篠原有司男さん（左）と、ペルーのクスコにて。NHK『太陽の祭り・インティライミ』(2002 年、120 分）撮影時のスナップ

り主人公を決めて、その人の日常とか生き方を追う番組なんですけど、まずはあれこれリサーチして人探しをして、出演交渉をして、「この人でいく」と決めるわけです。主人公が決まったら、その人に根掘り葉掘りインタビューして、構成台本を書きます。台本がＮＨＫのプロデューサーに承認されたら、初めて撮影に行くことが許されます。

それを1週目にやって、2週目には撮影をする。3週目には編集をする。そして4週目には仕上げ。ナレーションを書いて録音したり、音楽をつけたり。そして、次の週にはまた次の番組のプロセスを始めるわけですから、息つく暇がないんですね。

これを僕は3年くらいやった。30本以上の『ニューヨークカーズ』をつくりました。だから、最後のほうはもう「目をつぶってもつくれる」みたいな。

ただ、やっているといろいろな疑問が湧くわけですよ。やっぱりいちばん大きいのが台本を書くことです。

とくに『ニューヨーカーズ』よりも少し大きな番組をつくり始めた時に、それを強く感じました。大きい番組を任されるということは、僕にとっては昇進みたいなものなのですが、僕はかえって息苦しかった。

というのも、プロデューサーの監視の目も、番組にもっと注がれるようになって。1時間ものとか2時間ものとか、注目される番組になるとプロデューサーが何人もいたりして、撮る前に綿密に台本を固めないと撮らせてくれない。

しかも書いた台本どおりに撮らないと、すごく怒られる。台本を書きはするけど、ドキュメンタリーなんだから、そのとおりになるわけないじゃないですか。なのに、そのとおりにいかず、撮れたものを編集室に持って帰るとすごく文句を言われる。「撮り直してこい！」みたいなことを言われたりとか。

「そんなのドキュメンタリーじゃないよなぁ」ということがあって。何かすごく、疑問が湧くわけです。あとは、テレビでは何でも懇切丁寧に説明しないといけない。ナレーションとか音楽とかで盛り上げてね。メッセージを叩き込むみたいな感じのやり方をしなくてはいけないということにも、だんだん辟易《へきえき》してくるというか。

楽になったけど、何かが死んだ

その疑問が最高潮に達して、「もうやっていられない」と思ったのは、メトロポリタン美術館についての2時間もののドキュメンタリーをつくった時です。NHK内でもかなり注目されていた番組だったので、4人もプロデューサーがいて、気合いが入りすぎてしまっていて。僕は彼らに一挙手一投足を縛られる感じがあって、本当にやりづらかった。

で、プチッと切れた瞬間を今でも覚えてますよ。

メトロポリタンには大階段があって、そこを上りながら「さあ、これから撮影するぞ」と気合いを入れていたところに電話が鳴って、出たら日本のプロデューサーから。「今日の撮影はこういうふうにしろ、ああいうふうに撮れ」とかなんとか言うんですよ。

「あんた、メトロポリタンに来たこともないくせに、何を言ってるんだ」と思いながら、だけど、その時に面倒くさくなって、「はい、わかりました。わかりました」と言って、反論せずに全部言うことを聞いたんです。

その瞬間、ものすごく楽になったんですけど、自分の中の何かが死んだのを感じましたね。だって、自分がつくる番組だからこそ、自分らしい、いい番組にしたいと思ってつくるわけじゃないですか。だからこそ、それまではプロデューサーの言うことに同意できなければ、あの手この手で反論して、なんとか自分の番組を守ろうとしていた。だから彼らとはしょっちゅう喧嘩になっていた。「想田はなんでこんなに頑固なんだ」と、何度言われたことか。そのうち僕がクビになるんじゃないかと、周りに心配されたこともあります。

でも、あの大階段で電話を受けた瞬間、僕は「ああ、そうか、これはオレの番組じゃなくて、彼らの番組なんだ」と、なんとなく悟っちゃったんでしょうね。悟った瞬間に、楽になったけど、何かが死んだ。「もう、彼らがやりたいように、操《あやつ》り人形になってつくりゃいいや」って思っちゃったんですね。

それ以来、その番組について何の思い入れもなくなってしまって、仕上げまでほぼ、言われるとおりに操り人形のようにつくった。だから今でも自分の番組だというふうに思えないんですよね。

あの番組をつくってからしばらくは、僕は生きながらにして死んでいたんだと思います。もうレジストするのも嫌になっちゃって、疲れてしまって。そういう時期が、1年か2年くらいあったと思います。

カミさんはずいぶん心配してました。最近全然覇気《はき》がない、人が変わったようだって。

魔力のように惹きつけられるもの

それとやっぱり、映画を撮りたい、映画に戻りたいという意識はずっとありました。だから焦ってましたね。かなりね。「もうあんたはテレビの人でしょう」みたいな感じになっていくのがすごく違う気がして。

友だちからも、テレビを始めた頃は「映画はいつ撮るんだ？」みたいな感じで言われるわけですけど、だんだん聞かれもしなくなっていって。それが寂しかったりもして。

「オレはこれから死ぬまで、こんなに煮え切らない気持ちでずっといやいやながらテレビ番組をつくっていくのかなあ。これ、ジリ貧だよなあ」という感じで、毎日暗い目をしていたと思います。今思えば、完全に「ミッドライフ・クライシス（中年の危機）」ってやつですよ。まだ30代前半だったんですけど。

ただ、テレビには絶望していたけど、ドキュメンタリー自体にはものすごく惹かれるものがあった。「何これ?」というものがあったので。すごくこう、なんか、いたずらをしているような感覚があって。

だって、普通の人にカメラを向けて勝手に物語をつくっちゃったりするわけですよ。「そんなことやっちゃっていいの?」というような。

それはやっぱり、魔力のように惹きつけられるものがあったんですよね。あとはときどき、自分の期待や予想をはるかに凌駕《りょうが》した、ものすごいシーンが撮れてしまったりして。それはもう、やっぱり興奮するんですよね。そういう瞬間には。

だから、「ドキュメンタリーって何ぞや?」という疑問や、「自分なりのドキュメンタリーを撮りたい」という欲望みたいなものは徐々につくられていって。ワイズマンの作品や佐藤真の本に出会ったりとか。

一方で、「映画に戻らないと……」という、何かそういう焦りもありました。この頃はまだ、映画といえば劇映画という思い込みが強かったので、ドキュメンタリー映画を撮ろうという発想はあんまりなかったですね。

そして、そんな頃に会社の業績が悪化して、みんなリストラされちゃったんです。僕もリストラされて。アメリカの会社ってほんとにひどくって、2週間分の給料を渡されて突然放り出されちゃった。

年末だったんですけど、覚えているのは、帰りの電車の中で貧しそうな、しょぼんとした人がやたらと目についたことです。「自分もああなるんじゃないか」と思ったんでしょうね。

あの時はものすごく焦ったけど、ドキュメンタリー映画を撮り始めたのは、それがきっかけです。自分の会社をつくらざるを得なくなって。ならばインディペンデントで映画を撮ろうと。

身の上話みたいになってしまいましたけど。

5　映画づくりにとって、何がムダか？

将来はプログラマーになるのも悪くないな、と思っていました

映画づくりですごくありがたいなと思うのは、あらゆる失敗とか辛酸をなめた経験とか、そういうのも絶対にムダにならないところです。全部、映画を豊かにするために使えちゃうんですよね。いろんな紆余曲折《うよきよくせつ》を経て今ここにいるんですけど、その紆余曲折をした道のりというのが全然ムダな気がしていなくて。寄り道だと思っていたら、実は寄り道ではなかったというか。

僕にとっては、やっぱりテレビ作品をうんざりするほど撮ったことは、必要だったんですね。あのつくり方に対する反発がなかったら、観察映画みたいな撮り方はしなかっただろうし。だからすごく感謝してますよ。当時僕をさんざんいじめたプロデューサーにも。いや、嫌味じゃなくて、本当に感謝してます。

子どもの頃、すごく多趣味だったんです。さっき字幕翻訳家になりたかった話をしましたが、実は将来の夢はあれだけじゃなくて、僕は中学時代、パソコンのプログラミングにも凝っていて。

まだパソコンではなくマイコンと呼ばれていた時代。フロッピーもハードディスクもなくて、データは全部カセットテープに録音していました。で、それをまたマイコンに読み込ませる。ベーシックというプログラミング言語を独学で覚えて、ゲームをつくったりして。それを『マイコンBASICマガジン』（電波新聞社）という雑誌があったのですが、そこに投稿するんです。投稿してプログラムが採用されると1万円もらえる。けっこうそれ、常連だったんですよ。「しゅうちょう」というペンネームで。掲載誌、実家の押入れのどこかにあるかもしれません。

ゲームにもバックグラウンドのストーリーが必要ですよね。だからストーリーを書いて、キャラクターは自分でデザインして、ルールを決めて、それをプログラムに書く。将来はプログラマーになるのも悪くないな、と思っていました。

英語をバカみたいにやっていた

あと、字幕翻訳のこともありますけど、英語も趣味だったんですよ、その頃。趣味というと変なんですけど、はまっていて。

NHKのラジオで『基礎英語』と『続基礎英語』と『英会話』というのがあったんですけど、これを3つとも録音して、リアルタイムと録音で2回ずつ聴いていたんです、毎日。それに、高校くらいまでの英語の文法は、中学時代に独学で全部終わらせていた。

『英会話』の先生は、東後勝明《とうごかつあき》さんという人だったんですけど、その人が『英語ひとすじの道』（筑摩書房）という本を出していて、そんなのも読んだりしてました。

その方のこだわりはすごくて、英語のスピーチ大会に出た時に負けてしまって、審査員に「なんで僕が負けたんですか？」と聞いたら、「あなたは、歯擦音《しさつおん》がきつすぎる」と言われたらしく、それで歯医者に歯を治しに行っただとか、そういう強烈なエピソードがいっぱいあるんですよ。すごいですよね。普通、英語の発音のために歯医者に行かないでしょ。でも、彼の操る英語は本当にうっとりするほどきれいで、必死に真似して発音を覚えましたよ。

そういうようなことって、今の仕事に直結してるんです。

その時代に英語をバカみたいにやっていたので、アメリカに移住した時にすでにもう基礎はあったわけだし。パソコンのゲームをつくることと、映画をつくることって似ているし。

天体望遠鏡を自分でつくったりしていました

だから、今やっていることの大半は……なんて言うのかな、子どもの頃に本当にいろんなことをかじったので、その延長にあるというか。

小学校の時には絵に凝っていたんですよ。絵の教室に通っていて。水彩画なんですけど、その頃は「画家になるんだ」って言っていました。そこで訓練した絵づくりなんかは、完全に今の仕事とつながっています。

あ、あと僕、天体望遠鏡にもすごく凝っていたんですよ。小学生の5、6年の時

手づくりの天体望遠鏡

に、天体観測にすごくはまっていて、天体望遠鏡を自分でつくったりしていました。自作望遠鏡の写真が残ってるんですよ。これ、木でつくっています。親父に手伝ってもらいましたけどね。口径10㎝の反射式望遠鏡。月のクレーターとかもよく見えました。星座にもかなり詳しくなりましたね。

望遠鏡で、天体写真も撮りましたよ。親父のカメラを借りてきて、アダプターで望遠鏡に取り付けて、月の写真とかを撮る。そうすると、露出とかシャッタースピードとか、写真撮影の基本は全部独学で勉強せざるを得ないでしょ。だから、それも今の仕事と直結してますよね。

どれもが中途半端だった

どれも、誰からも「やれ」とはまったく言われていないですね。むしろ親は「また始まったか」という感じで。親からは、「ああしろ」「こうしろ」と言われたことはないです。

で、肝なのは、それのどれもが中途半端だった。僕にとって、それを極めるには才能も努力も中途半端だったんですよ。絵もプログラミングも天文も途中で飽きちゃったし、英語も通訳や翻訳家になるほど興味を維持できなかったし、全部が中途半端だったんです。だけど、映画をやるのには、今役立つくらいの中途半端さ。

もし中途半端じゃなかったら、たぶんその道に行ってしまっていた気がするんですよ。ま、それでもいいんですけどね。ときどき、「ゲームのプログラマーになってたら、大金持ちになってたのに」とか思ったりもします。「あの頃からやっていたら、すごいことになっていたかもしれないのに、惜しいことをした」とかね。

でも、それぞれ中途半端だったので、その道には進まないで、かといってやったことは全然ムダになっていないというような感じになっている。結果的には、映画をつくるにはいい塩梅《あんばい》なんですよね、今から思えばね。

編集でそれが浮き彫りになるのか、全然違うことを発見するのか

次回は、もうちょっと編集が進んでいるといいんですけど。

職業として漁師を続けていけなくなるという現象については、ぼんやりと何かが見

えてきている気はしているんですけどね。たぶんそれは、魚を獲るということの大衆化と関係があるんじゃないかと、前に言いました。レジャーで魚を獲る人たちがすごく増えているという話。

編集でそれが浮き彫りになるのか、全然違うことを発見するのか、ちょっとわからないですけどね。あと、もちろん自然破壊というのがあります。やっぱり、魚そのものが減っているんですよね。瀬戸内海でも乱獲はあるでしょうし、護岸工事がすごいですし。もうコンクリートだらけですもん、牛窓ですら。要するに、生態系が変わってしまったわけですよね。いろんな要素があると思うんですけど、魚がどんどん減っているのに、価格は下落しているという、すごい状況になっている。そこにはグローバリズムの要素もあるし。

そうしたことが、どこまで映画的に描けるかですね。理屈じゃなくて、映画的にそれが描けるかどうか。そこが難しいんですよね。5月12日にニューヨークに戻って、8月はまた牛窓で休暇をとって、9月、10月くらいには、編集の仕上げをできればいいかなぁと思っています。

※1　**ダイレクトシネマ**

1960年代にアメリカなどで勃興したドキュメンタリーの運動とその手法。ナレーションなどの力を極力借りずに、撮れた映像と現実音ですべてを直接的に（＝ダイレクトに）描く。

※2　**フレデリック・ワイズマン（Frederick Wiseman、1930〜）**

アメリカのドキュメンタリー映画監督。ダイレクトシネマの先駆者の一人であり、世界的な巨匠。『チチカット・フォーリーズ』（67）で監督デビュー。刑務所や病院、高校、軍隊、裁判所、バレエ団など、アメリカやフランスの組織の構造に鋭く切り込むドキュメンタリーを数多く発表し続けている。

※3　**メイスルズ兄弟（Albert Maysles、1926〜2015、David Maysles、1931〜1987）**

アメリカのドキュメンタリー映画の兄弟作家チーム。ダイレクトシネマの先駆者。主な作品に『セールスマン』（69）、『ローリング・ストーンズ・イン・ギミー・シェルター』（原題：Gimme Shelter）』（70）など。

※4　**D・A・ペネベイカー（Donn Alan Pennebaker、1925〜）**

アメリカのドキュメンタリー映画監督。ダイレクトシネマの先駆者の一人。主な作品に『ドント・ルック・バック』（67）、『クリントンを大統領にした男』（93）など。

※5　**『リヴァイアサン』（2012、日本での公開は2014）**

アメリカ、マサチューセッツ州のニューベッドフォード港から出港した大型底びき網漁船の漁の様子を、11台の超小型カメラを駆使した圧倒的な映像と音響で描いたドキュメンタリー。ハーバード大学の感覚人類学研究所に所属する人類学者でもある映像作家ルーシァン・キャステーヌ＝テイラーとベレナ・パラベルが共同で監督。

※6　**『アクト・オブ・キリング』（2012、日本での公開は2014）**
1960年代にインドネシアで繰り広げられた、「共産主義者狩り」という名の大量虐殺。その加害者たちに、カメラの前で虐殺の様子を再現させて、事件の実態に迫った衝撃的なドキュメンタリー。ジョシュア・オッペンハイマー監督。

※7　**佐藤真（さとう まこと、1957〜2007）**
日本のドキュメンタリー映画監督。1989年から2年間スタッフ7人と新潟に移り住んで住民と密着して暮らし、1992年に初の監督作品『阿賀《あが》に生きる』を完成。国内外で絶賛される。『ドキュメンタリー映画の地平』（上下巻、凱風社）などの著書も有名。

※8　**小津安二郎（おづ やすじろう、1903〜1963）**
日本の映画監督。日本映画史を代表する巨匠。『晩春』（49）、『麦秋』（51）、『東京物語』（53）といった名作を次々に発表、世界的にも高い評価を得ている。

※9　**『晩春』（1949）**
小津の戦後3作目。やもめの父を気遣って、結婚をためらう娘の物語。笠智衆《りゅうちしゅう》、原節子、月丘夢路、杉村春子らが出演。

※10　**ジム・ジャームッシュ（Jim Jarmusch、1953〜）**
アメリカの映画監督。『パーマネント・バケーション』（80）で監督デビュー。第2作『ストレンジャー・ザン・パラダイス』（84）は、その独特のユーモアと演出で絶賛され、「ニューヨーク・インディーズ派」の若手映画監督と

して注目を浴びる。以後も話題作を多数発表。

※11 **スパイク・リー（Shelton Jackson "Spike" Lee、１９５７〜）**
アメリカの映画監督、俳優。『ドゥ・ザ・ライト・シング』（89）、『ジャングル・フィーバー』（91）、『マルコムX』（92）など、人種問題を鋭くえぐる作品が多い。黒人社会を代表する社会派監督。

※12 **スクール・オブ・ビジュアル・アーツ（SVA）**
１９４７年に創立された私立の４年制大学。現在では美術系の大学としては全米で最大規模を誇り、３０００人以上の学生が在籍している。教授約８００人のうち90％が、実際にアメリカのアート界で活躍しているアーティストであり、最先端の手法や業界の傾向などを実践的に教えている。

※13 **『All My Good Countrymen（すべての善良な市民たち）』**
ヴォイチェフ・ヤスニー監督の代表作であり、カンヌ国際映画祭監督賞受賞作。ナチスから解放された村が、今度は共産主義政権の支配下に入っていく。チェコスロヴァキア政府によって上映禁止され、ヤスニーは亡命を余儀なくされた。

※14 **ヴォイチェフ・ヤスニー（Vojtech Jasny、１９２５〜）**
チェコ出身の映画監督。チェコ・ニューウェーヴの父と呼ばれる。寓意的作品『猫に裁かれる人たち』（63）や『すべての善良な市民たち』（68）がカンヌ国際映画祭で受賞するなど注目されていたが、チェコスロヴァキア政府から迫害を受ける。そのため、ドイツとユーゴスラヴィアに亡命の後、渡米した。

※15 **ヴェネチア国際映画祭**
イタリアのヴェネチアで、毎年8月末から9月初旬に開催される映画祭。カンヌ国際映画祭・ベルリン国際映画祭と並ぶ世界三大映画祭のひとつで、世界最古の歴史を持つ。

※16 **北野武（きたの　たけし、1947〜）**
日本のコメディアン、タレント、映画監督、俳優。大島渚監督の『戦場のメリークリスマス』（83）で俳優として注目を集め、『その男、凶暴につき』（89）で主演も兼ねて、映画監督デビュー。『HANA-BI』（98）でヴェネチア国際映画祭金獅子賞を受賞。日本を代表する映画監督の一人。

※17 **『HANA-BI』（1998）**
ヴェネチア国際映画祭で金獅子賞に輝いた北野武監督第7作。追われる身の元刑事と、病身の妻の物語。北野武、岸本加世子、大杉漣、寺島進らが出演。

※18 **ヴィム・ヴェンダース（Wim Wenders、1945〜）**
ドイツの映画監督。『さすらい』(76)、『都会のアリス』(74)、『まわり道』(75)などロードムービーを得意とし、ニュー・ジャーマン・シネマの旗手として注目された。以後も『パリ、テキサス』（84）、『ブエナ・ビスタ・ソシアル・クラブ』（99）など著名な作品が多数ある。

※19 **ジェームズ・アイヴォリー（James Ivory、1928〜）**
アメリカの映画監督。『The Householder』（63）で長編監督デビュー。『眺めのいい部屋』（85）ではアカデミー賞3部門を受賞。他に『ハワーズ・エンド』（91）、『日の名残り』（93）など。

映画『牡蠣工場』あらすじ

牡蠣工場で生きる人々の淡々とした「日常」。そして、その日常に少しずつだが確実な「変化」をもたらそうとしている過疎化とグローバリズム。本作は、小さな牡蠣工場を舞台に人々が織りなす豊かで複雑な世界に目を凝《こ》らし、耳を傾け、そこに立ち上がる静かな「物語」を描いた観察映画である。

瀬戸内海にある小さな町・岡山県瀬戸内市牛窓。

1匹の白い飼い猫が、浜でのんびりと寝そべっている。本当の名前は「ミルク」だが、地元の人には「シロ」と呼ばれている。カメラを持った見慣れぬ来訪者に興味津々のシロは、想田らが滞在している家に侵入する機会を虎視《こし》眈々《たんたん》と狙っている。

古くから牡蠣の養殖が盛んなこの町には、6軒の小さな牡蠣工場がある。11月に入り、牡蠣の殻をむいて出荷する「牡蠣むき」の繁忙期が始まっていた。

平野かき作業所で働く渡邊は、もともとは宮城県南三陸町で家業の牡蠣養殖業を営んでいた。しかし東日本大震災の津波や原発事故で大打撃を受け、妻や子どもたちを連れて牛窓へ移住。後継ぎがなく、高齢のため廃業を考えていた平野から工場を引き継ぐことになった。

高齢化が進む牛窓では、深刻な労働力不足が生じていた。伝統的には地元のおじちゃん、おばちゃんたちが担ってきた牡蠣むきだが、牛窓の工場の何軒かは、数年前から中国人労働者を導入。グローバリズムの波は、過疎化が進む小さな田舎町にまで及んでいた。

これまでなんとか地元で労働力を賄《まかな》ってきた平野かき作業所だが、渡邊の意向により、ついに中国人の受け入れを決断。渡邊は大枚をはたいて2名の労働者を迎える準備を進める。

しかし、中国人労働者の受け入れは決して容易ではない。

まず、中国人とは言葉が通じない。「よそ者」に対する地元の偏見や恐れも根強い。広島の牡蠣工場で起きた中国人労働者による殺人事件のニュースは、牛窓にも衝撃を与えていた。

隣の隣の内田水産で働いていた中国人の1人は、仕事や生活の辛さに耐えかねてか、就労5日目にして早々に国へ帰ってしまった。自らも「よそ者」として入ってきた渡邊は、内田からその話を聞いて心中複雑そうだ。

「まぁ異国に来て、それは大変でしょうけど、でもやっぱりそれなりの覚悟で来たんでしょうから……」

渡邊は、故郷・宮城の様子を常に気にしている。牡蠣の種を売る業者が運ぶ風の便りによれば、復活した養殖業者はほとんどいない。また、放射能の風評被害が及ぶことを恐れて、岡山では宮城の種が禁止されているという。

隣の中丸水産では、2人の中国人女性が働き始めた。身体の具合が思わしくない親方は、息子にすぐにでも家業を譲りたい。だが、今引退すると贈与税を払わなければならないので、65歳までは働かなければならない。牛窓にはかつて15から20の牡蠣工場があったが、後継ぎの問題で次第に減っていったという。

「贈与税払うてまでやる商売じゃねえよ、牡蠣なんてものはなあ」

そうこうするうちに、平野かき作業所に中国人労働者の鄭と趙が到着する日がやってきた。

果たして、彼らはうまくやっていけるのだろうか。グローバリゼーションの荒波の中、漁業は、日本は、いったいどこへ向かっているのだろうか。

監督・製作・撮影・編集：想田和弘
製作：柏木規与子
撮影協力：平野かき作業所、豊田水産、内田水産、中丸水産、加藤水産、林かき作業所、岡山漁連
Special Thanks（敬称略・順不同）：瀬戸内市牛窓町のみなさん、見戸夫妻、山本真也、平野五香、中村英雄、柏木寿夫、柏木廣子、服部水産、竹内英夫、木下新輔、牛窓ばあちゃん

Ⅳ

第４回取材

〔編集完了後〕

取材日：２０１５年４月30日

ＮＹとのスカイプにて

1　何を残し、何をカットするのか？

1本ではなく2本の映画ができるかも？

前回の取材からもう1年以上経っているのですね。その後、あれこれ雑事があってロギングもなかなか進まなくて、秋ぐらいから本格的に編集を始めた感じです。

本当はその間、いろいろ起きているんですけど、ツイッターとかでつぶやくのはあまりにもリスキーで、ほとんどつぶやかなかったんですよ。なんというか、本当に先が見えないので。もう映画の編集は出来上がっていますけど、まだ題名すら公表していない。とくに編集中は一寸先は闇なので、外に向かって何も言えないんですよね。

下手をするとお蔵入りになるかもしれないし。映像を観ているとそれはないなという確信はあったんですけど、具体的に「どうする、ああする」というのを外に向かって書いてしまうと、どうしてもそれに縛られる可能性もあるので、まったく出さない

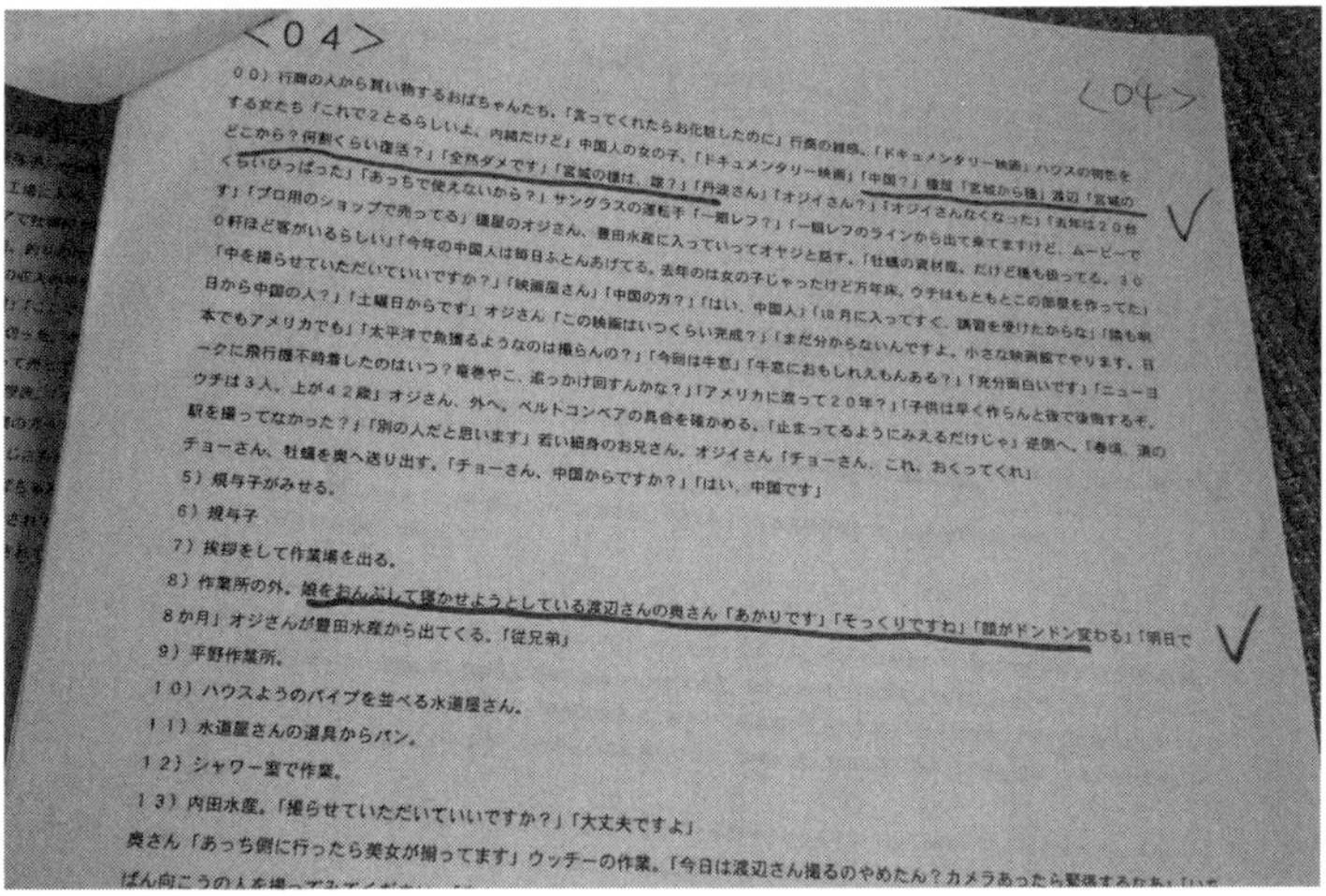
<04>
00）行商の人から買い物するおばちゃんたち。「言ってくれたらお化粧したのに」行商の雑感。「ドキュメンタリー映画」ハウスの背景を
する女たち「これで2とるらしいよ。内緒だけど」中国人の女の子。「ドキュメンタリー映画」「中国？」

どこから？何割くらい復活？」「全然ダメです」「宮城の様は、謎？」「丹波さん」「オジイさん？」「オジイさんなくなった」

くらいひっぱった」「あっちで使えないから？」サングラスの運転手「一眼レフ？」「一眼レフのラインから出て来てますけど、ムービーで
す」「プロ用のショップで売ってる」

「中を撮らせていただいていいですか？」「映画屋さん」「中国の方？」「はい、中国人」

ウチは3人。上が42歳」オジさん、外へ。ベルトコンベアの具合を確かめる。「止まってるようにみえるだけじゃ」

チョーさん、牡蠣を奥へ送り出す。「チョーさん、これ、おくってくれ」「チョーさん、中国からですか？」「はい、中国です」
5）規与子がみせる。
6）規与子
7）挨拶をして作業場を出る。
8）作業所の外。娘をおんぶして寝かせようとしている渡辺さんの奥さん「あかりです」「そっくりですね」「顔がドンドン変わる」「明日で
8か月」オジさんが豊田水産から出てくる。「従兄弟」
9）平野作業所。
10）ハウスようのパイプを並べる水道屋さん。
11）水道屋さんの道具からパン。
12）シャワー室で作業。
13）内田水産。「撮らせていただいていいですか？」「大丈夫ですよ」
奥さん「あっち側に行ったら美女が揃ってます」ウッチーの作業。「今日は渡辺さん撮るのやめたん？カメラあったら緊張するかな」

『牡蠣工場』のログシート

でやってきたんです。

ロギングはいつ終わったんだっけ……だんだん、本当に記憶力が……ちょっと前のことになるとまったく覚えていないんですよね。たぶん秋くらいにロギングが終わって、全部観た段階でこういうログの資料をつくって。A4というか、レターサイズで、いちばん小さいフォントで40枚分くらいですね。ページによってはスカスカだけど、ページによってはびっしりになっているものもありますね。

Twitter　20141005

牛窓で撮影したドキュメンタリー映画を編集している。まだ分かんないけど、もしか

したら撮った素材から１本ではなく２本の映画ができるかも？　なんとなくそんな予感。

牡蠣工場は最初の1週間くらいで取材の続行を断られてしまったというお話を以前にしたと思うのですが、ログをしながら、「ああ、これはたぶん牡蠣工場だけで終わっちゃうな、この映画」という予感はあったんですよ。だから、ワイちゃんたちのシーンはいっさい編集せずに、まずは牡蠣工場の素材だけでつくってみようと思って。自分が、この辺が重要になるだろうと思うシーンから手をつけて、つないでいきました。

実は、その時目指していたのは1時間半くらいのコンパクトな映画だったんですけど、牡蠣工場だけで結局2時間半くらいの映画になってしまいまして。

これにワイちゃんとかを組み込もうとすると、5時間くらいの映画になってしまいそうだと思いました。もちろん5時間の映画をぶっ通しで、というのも可能なんですけど、やっぱり観てくれる人の生理のことも考えなくちゃいけない。まあどうせだったら1粒で2度おいしいじゃないけど、映画を分けたほうがいいのかなと思って、実際にそうなったという感じですね。まだワイちゃんのほうは編集に手をつけていないですけど。いずれにせよ、牛窓の映画は『牡蠣工場』とは別に、もう1本つくることになると思います。

牛窓の街並みはいらないいんじゃないか

『牡蠣工場』の第1編（原稿でいえば第1稿のようなもの）ができたのは2015年1月27日なのですが、今の第5編とはかなり違います。同じなのは出だしと、あとはラストですね。

日記によれば、第1編の段階で、尺は3時間15分。で、次の日に3時間くらいに縮めて規与子と一緒に観たようで、「思ったよりもつながってる」と日記には書いていますね。

日記にはその後の編集方針を記したメモがあって、ひとつは「平野さんを立たせる」。現時点では平野さんの印象が薄いから、もっと立たせないと、ということですね。

これは最後まで、けっこう苦労しました。実は今でも十分にできていない。平野さんに、僕は撮影時にほとんど密着していなかったんですね、不思議なことに。こんなに撮ってなかったっけ、というくらい撮っていなくて。これは撮影の時のミスというか、盲点でしたね。

あと、「中国人が着いてからが長い」とも書いてあります。あとは「牛窓の街並み

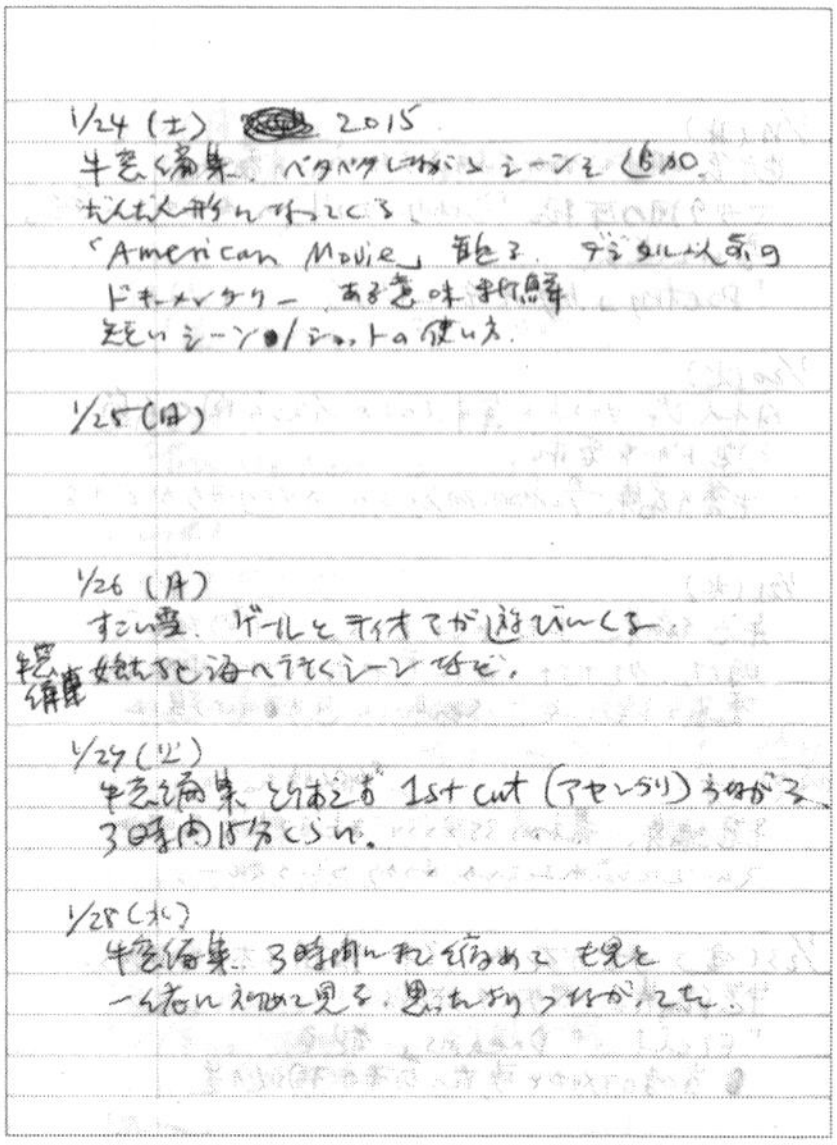

1/24（土） 2015
牛窓編集。ベタベタしながらシーンを追加。
だんだん形になってくる
「American Movie」観る。デジタル以前の
ドキュメンタリー。ある意味新鮮
短いシーン/ショットの使い方。

1/25（日）

1/26（月）
すごい雪。ゲールとテイオでが遊びにくる。
姉ちゃんと海へ行くシーンなど。

1/27（火）
牛窓編集 とりあえず 1st cut（アセンブリ）つながる。
3時間15分くらい。

1/28（水）
牛窓編集。3時間に縮めて 妻と
一緒に初めて見る。思ったよりつながってた。

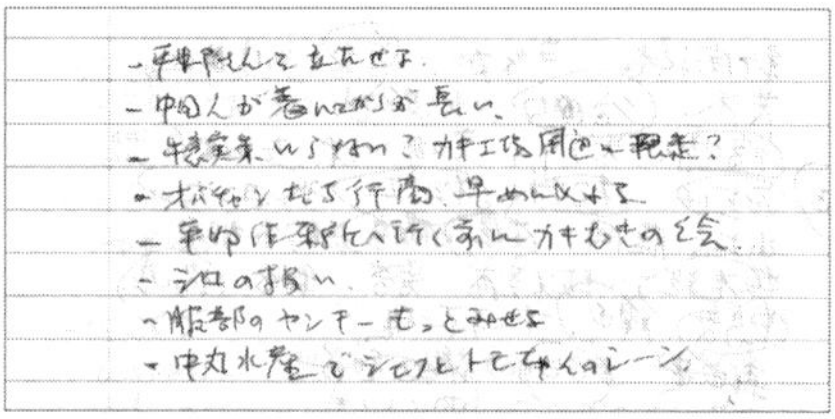

―平野さんを立たせる。
―中国人が着いてからが長い。
―牛窓の街並み いらない？ カキ工場周辺の風景？
―オバチャンたちの行商 早めに出す。
―平野夫婦が保育所へ行く前に カキむきの絵。
―シロの扱い。
―販売部のヤンキー もっとみせる
―中丸水産でシロとトモちゃんのシーン。

2015年1月24日〜28日の日記

はいらないんじゃないか」。

牛窓のすごく入り組んだ路地の画もあったんですよ。でもそれが牡蠣工場の画と全然合わない。物理的には本当に近いところにあるのに、別世界なんです。牛窓の、昔ながらの、ある意味、伝統社会的な美しい街並みなんですけど、牡蠣工場の感じとすごく違っていて。

牛窓の中心部からちょっと離れたところに埋め立てをして、牡蠣工場がそこにつくられているということもあると思います。第1編には、おばあさんがトボトボ歩いているとか、お地蔵さんがあるとか、野良猫が何匹も昼寝をしているとか、いろいろあったんですけど、そういう画はどうにもはまりにくい。「牡蠣工場の周辺に限定？」とも書いてあります。

あともう一点、「行商を早めに入れる」。牡蠣工場には、昼休みの時間にスーパーのトラックが行商にやってきて、工場で働くおばちゃんたちがワイワイ買い物をするんですけど、その様子を描いたシーンが、第1編では映画の中盤以降に出てきていたんだと思います。それをもっと前のほうに持ってきて、牡蠣工場の雰囲気をセットアップするというんですかね。牡蠣工場のベーシックな雰囲気というか、こういう場所だ

行商のシーン

牡蠣工場の外観

よというところを早めに観せようという。規与子がその時に言っていたのは、中国人の人たちが出てくる前にそういうシーンを観せておかないと、しっくりこないんじゃないかと。

僕の中ではだんだんシロが中国人の人たちと重なってきたんですよね

「シロの扱い」というメモもあります。シロというのは、映画にたびたび出てくるヨソの飼い猫ですね。完成版では中盤、規与子が「入っちゃだめだよ」と言うのに無理やりシロが僕らの家に入ろうとするシーンがあります。そしてラスト付近にシロがもう一回、家に入ってくるシーンがありますけど、第1編では、あの中盤のシーンだけをラスト付近に使っていた。

でもそれだといまいちシロの印象が弱くて。規与子が「シロが弱い、シロが弱い」って言うんですよ。「でも、もう一回家に侵入してくるけど、同じようなシーンだからあまり使いたくない」って僕が言ったら「入れてダメだったら元に戻せばいいじゃん」と。

僕は英語で言うとredundant（冗長）になるかなと危惧していたんです。つまり繰り返しというか、蛇足になるかなと。でも、実際に家への侵入シーンを2回入れてみると、逆におもしろくなったというか。2回目に家に侵入する時は、シロが前よりも図々しくなっているというか、家に入るのに慣れてきたなこいつ、という変化が見えるので、ああ繰り返してよかったなと思いました。

シロのシーンは、最初は映画に入れるつもりもなくて、シロが可愛いから撮っていただけなんですけど、僕の中ではだんだんシロが中国人の人たちと重なってきたんですよね。規与子はまったくピンときていなかったみたいですけど。

だってシロは飼い猫で、本当のおうちはどこか別にあるわけじゃないですか。だけど、僕らの家に入りたがる。自分の家とは違う、どこか他に行きたいところ、入ってみたいところがあって、そこにわざわざ入ってくる。そういう存在。僕らのほうも、シロが寄ってきてくれるとうれしいんだけど、実際に家に入ってこられると困るみたいな。移民の話と、構造が似ているなあと思ったんです。それに、日本で生まれ育ったのにニューヨークで暮らす自分たちとも重なるし。もちろん違いもありますが。

撮影している最中にそういうインスピレーションが湧いてきて、シロのことはちょっと丁寧に撮っていきました。規与子のほうはそんなことは知らないので、カメラの前なのにまったく無防備に振る舞っていて、自分の声とか振る舞いとかが気に入らないらしくて、けっこう嫌がってました。ははは。

僕がクミさんに「シロって、本当はミルクっていう名前らしいですよ」というシーンを入れたのは、シーンそのものがおもしろいというだけではなくて、あれがないと、シロがもしかしたらうちのネコに見えちゃう、ということもある。だからあのシーンは後から追加した気がします。最初はなかったと思いますね。

映像をさわりながら意味が浮かび上がってくる感覚というのはおもしろいです。こういう作業は、やっている時には苦しいですけどね。見えてしまえば語れますけど、見えないから苦しいわけで。やっている時は本当に暗中模索で苦しいんです。

映像で伝えるのって、すごく難しい

あと日記のメモには、「平野作業所へ行く前に牡蠣むきの画」とも書いています。第1編では、渡邊さんが沖で牡蠣を水揚げして港に帰ってきたら、そのままカメラも

渡邊さんと一緒に平野かき作業所に入っていって、牡蠣むきの場面に突入していたんですが、でもそうすると、どうしても……ここけっこう難しかったんですけど、同じ地域に6つ牡蠣工場があってですね、そのうちのひとつが平野さんがやっている作業所で、別々の経営体なんだという、そういう単純な事実が伝わらない。

そこで考えたのが、渡邊さんが港に帰った直後に、6つある牡蠣工場の外観と、工場の内部を観せて、それから渡邊さんと一緒に平野かき作業所へ入っていくという、そういう手を考えたんですね。そうすると、「ああ、工場がいくつも並んでいるな。そのうちの1軒に渡邊さんが入っていったな」ということくらいは観客に伝わるでしょ。だから最終版ではそういう編集になっています。それでも6つの工場が別々の経営体だということまでは、たぶん伝わらないと思いますけど。

言葉にするとすごくシンプルなことなんですけど、それを映像で伝えるのって、すごく難しい。ナレーションを使えるなら、「牛窓には、6つの小さな牡蠣工場がありま す。渡邊さんは、平野かき作業所で働いています」と言えば済んじゃうんですけどね。

「服部のヤンキーもっと観せる」というメモもあります。これは実際にはその後、む

カメラマン（想田）の真似をする服部水産のお兄ちゃん

しろカットしてしまったところですね。牡蠣工場と同じ敷地に、服部水産という大きい企業があって、そこの気のいいお兄ちゃんたち、ヤンキーってメモには書いてありますけど、僕、失礼ですね。ははは。彼らがすごくおもしろいんです。

できた映画の中で唯一残っているのが、僕がカメラ回しているのを「カメラマーン」とか言って真似しているお兄ちゃんたちのシーンです。どうもあの年はあみえびが不漁で、彼らは暇なもんだからよく牡蠣工場に遊びに来て、ああやってぶらぶらしていたんですよ。あの人たちのシーンももっといろいろあって、それをもっといっぱい入れたほうがいいと、この段階では思ってたんですけど、逆にあとでカットしたんですね。

これは、なぜかよくわからないけど、どうもはまらないんです。ロジカルには絶対はまるはずなのに、やってみるとはまらないという時があって、それでカットした覚えがあります。

「中丸水産でシェフとトモちゃんのシーンを入れる」。この場面も、結局はまらなくて完成版には入ってません。

いずれにせよ、この次の日から第2編の編集を始めていますね。

2 編集の基準は何か？

物理的には短いのに長く感じる。なぜだーーーーーーっ！

1月29日に第2編に取り組み始めて、第1編は3時間だったのに、3時間15分になってしまった。長くなっちゃったんですね。それで、1月30日には2時間53分まで削っています。20分ぐらい削った。

一方、この時期は声明文のことでも忙殺されてましたね。ＩＳＩＳ（いわゆるイスラム国）に後藤健二さんらが誘拐された時に、日本では「非常時なのだから安倍政権

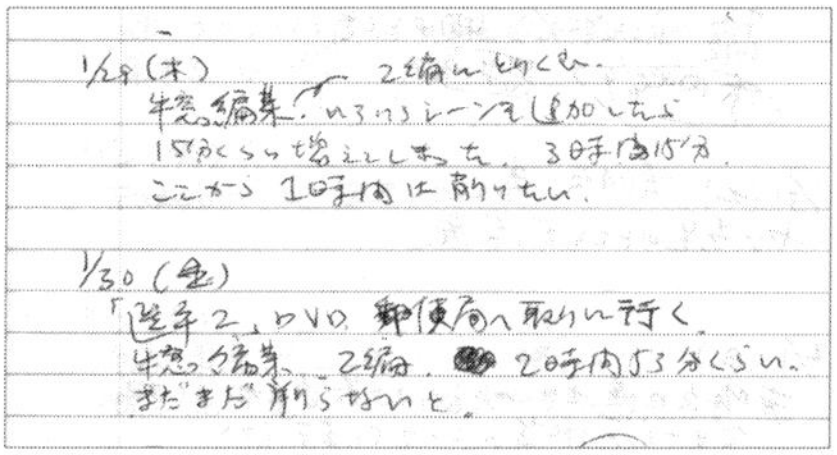
1/29(木)　2編に取り組む。
特急編集：いろいろシーンを追加したら
15分くらい増えてしまった。3時間15分
ここから1時間は削りたい。
1/30(金)
「選挙2」DVD 郵便局へ取りに行く。
特急編集　2編　2時間53分くらい。
まだまだ削らないと。

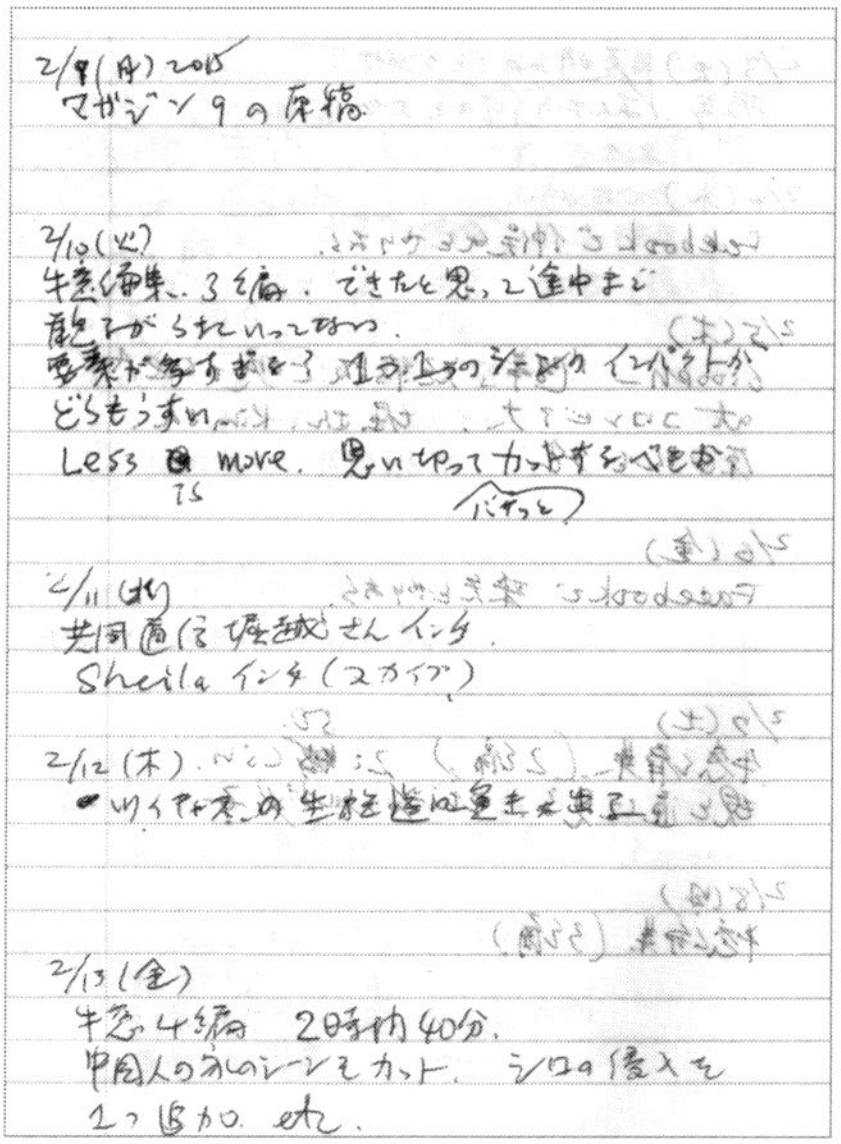
2/9(月) 2015
マガジン9の原稿
2/13(金)
特急4編　2時間40分。

2015年1月29日～2月13日の日記

の批判は控えたほうがいい」という言説が飛び交っていた。それで言論の自由を守るための声明文のたたき台を僕が書いて、賛同してくれそうな知人や言論人や映画人に送ったりして、1日が終わってしまうという……。

それでも、2月7日に第2編ができています。尺は2時間50分くらい、とあります。規与子と通して観て、「まだシャッフルが必要」と書いていますね。シャッフルというのは、シーンの順番の入れ替え、という意味です。

8日に第3編目に取りかかって、10日に第3編目ができたと思ったが、途中まで観て、上手くいっていないと。「要素が多すぎる？　ひとつひとつのシーンのインパクトが薄い。less is more. 思い切ってバサッとカットすべきか」と書いてありますね。

Twitter　20150211

牛窓で撮った新作の編集をしている。3編目（原稿でいえば第3稿）に取り組んでいるのだが、2編よりも物理的には短いのに長く感じる。なぜだーーーーーっ！　毎回思うことだが、編集って本当に難しい。そして人間の心理って不思議。

暗いトンネルの中にいる最中には出口があるなんて信じられない。なのに最後は出口を見つけてしまう。出口よ、早く顔を出してくれ！

いまんとこ3時間近くもあるので、編集がうまくいっているかどうか確かめるために1回見るのも3時間近くかかる！　当たり前だが！

しかし、編集に詰まったときはラース・フォン・トリアー[※1]の編集ウーマン、モリー・マーリーン・ステンスガードが言っていた言葉が一番参考になる。「Don't discuss, just try!」である。だって、うまくいってない理由なんて考えたってわかりっこないんだからさ。

そして編集がうまくいった際には、「これ以外の編集、もちろんありえないでしょ」という感じになる。あたかも最初からその編集だったような、自明である気さえして、それまでの七転八倒はケロリと忘れてしまう。

カミさん曰く、オイラは毎回編集のときに「うーむ……。今回はいままでで一番難しい映画だ……」と暗い顔をしているらしいw。「またかよ」ってなもんですな。

ちなみに、僕は「観察映画」と呼ぶ方法論でドキュメンタリー映画を作っていますが、それは既存の作り方に違和感と反発があったからです。「俺ならこうするのに」というエネルギーのおかげで自分なりの方法論を発見しました。「違和感」は大事なのです。

なぜそれをカットしたか

第3編の時点ではね、たぶんすごく中国人のシーンが多かったんだと思います。で、2月13日に「第4編目　2時間40分　中国人の家のシーンをカット、シロの侵入を1つ追加」と書いてあります。シロのシーン、この時に足したんですね。そして、中国人の家のシーンをカットというのが、1つのターニングポイントだったと思います。

平野かき作業所の隣に豊田水産という牡蠣工場があるのですが、完成版には、そこの親方が「ここに中国人が住んでいる」というふうに部屋を見せてくれるシーンがあります。

あの部屋に中国人の男性が3人住んでいたので、カメラを持って夜に遊びに行きました。で、彼らがご飯をつくったり、食べたり雑談したりする場面を撮っていた。まぁ、僕らとほとんど言葉は通じないのですが、通じないなりにいろいろ意思の疎通を図って。そしたら、別の牡蠣工場で働く中国人の女性2人組が、いきなり遊びに来たんですよ。

そのシーンは、ちょっとおもしろい。なんというか女子校と男子校みたいな。夜になると、他の工場の女の子が遊びに来るなんて、何か甘酸っぱい青春のような感じもあるんだなぁって。なんかおもしろいなと思って第3編まで残していたのですが、これをカットしてみたんですね。

なぜそれをカットしたか。

この映画の心理的な駆動がどうなっているかというと、「平野かき作業所に、今度初めて2人の中国人労働者がやってくる、どうなっちゃうんだろう？」というのが、ひとつのエモーショナルな、心理的なdriving force（推進力）なんです。

宙ぶらりんになっているというか、サスペンスのような、どうなるかわからない状態だから、人は次の場面を観たくなる。だけど、新しい労働者が到着する前に、あまりにもすでにいる中国人の生活を観せてしまうと、その宙ぶらりんの心理が弱くなってしまう。なんというか、緊張感が保ちにくくなるんです。

同じ理由で第5編の時に切ったシーンが、他にもありました。完成版で「うちの中国人、1人帰っちゃったよ」と肩を落としていた内田さんという人がいますが、彼は平野かき作業所の隣の隣にある内田水産の経営者なんですね。

僕は内田水産にもカメラを持ってお邪魔していて、牡蠣をむいている中国の人と、内田さんの奥さんなどが和気藹々《あいあい》と、言葉は通じていないのですけどお互い冗談を言い合いながら、牡蠣をむいているシーンを撮った。中国人の男性が髪を丸坊主にしてきたんですけど、彼に対して「もっとツルツルにせにゃあおえん」とか、冗談を言ってケラケラ笑っていたりする。これも良いシーンなのでずっと残していたのですが、やっぱり同じ理由で映画の心理的駆動の邪魔になっていた。だから第5編ではカットしてみたんです。

あともう1個、これはジョークが効いていてすごくおもしろかったんですけど、やっぱりどうしても流れの邪魔になるので、第5編で切ってしまったものがあります。中丸水産の後継ぎのトモちゃんが、渡邊さんの娘さん2人が遊んでいるところに行って、「あんたらも牡蠣むかにゃあ」と茶々を入れるんですよ。そうしたら子どもたちが「やだ、牡蠣くさい」と反撃するんですね。それに対してトモちゃんが「牡蠣くさいってゆうたら、サンタクロース来んぞ。わしがサンタクロースに言うちゃる」とかって応じる。そういうすごくおもしろい会話があって。僕はすごく気に入っていたので、なかなか切れなかったんですけど、これがあると、どうしてもスピードがゆるむんですよね。すごくつっかえてしまうんです。それをカットしてみた。

僕の心理は、きっと他人の心理ともつながっているはずだから

このあたりのシーンをカットしたことで、ようやく物語が駆動していったというか、流れができていったというか。それぞれのシーンは良くても、映画的な力学上、どうしても流れを阻《はば》むという時があって、それを思い切って外してみるというのが大事なんです。

映画の後半、僕が平野さんから「これ以上の撮影はダメ。シャットアウト」と言われるシーンがありますけど、あれが効くためには、平野さんが抱く不安を観客もある程度共有しておかないといけないんですよね。

映画の編集って、心理学みたいなものなんです、本当に。「こうすると、こういうふうに人間の心理というのは動く」という方程式が見つからないと、映画の編集はできない。

まあそれはもちろん、「自分はどう感じるのか」というのを基準にしてやるわけなんですけど、人間っておもしろいことに、やっぱりDNAを共有しているわけですから、同じような状況には同じような心理的反応をするんですよね、基本的に。

そういう共通の心理的基盤がないと、そもそも映画という芸術は成り立たない。あるいは映画にかぎらず、絵画や文章でもそう。人間の心理にある程度の共通性がなければ、絵や文章に感動するということも、あり得なくなってしまいます。だから僕の場合は、自分の心理を基準に映画づくりをする。僕の心理は、きっと他人の心理ともつながっているはずだから。

編集では、なるべく自分自身の体験を再現しようとしています。実際の牡蠣工場から自分が感じた印象と、映画を観た時の印象が、なるべく隔たりがないように調整していくわけですね。

とはいえ、編集の時点で初めて「そうだったのか」という発見をすることもあります。だから、なるべく自分の感じたことに正直になりながら、新しい発見には身体を開いておくというんですかね。そういう感じでやっていく。

あの3つを並べると、突然、ひとつの構造が見えてくるんですよね

2月14日に第4編ができていて、2時間30分と書いています。この時も規与子と一緒に観ているのですが、規与子のほうは「ほぼ完成だ」と言っているけれど、僕は「途中で集中力が切れて、判断不能」と書いてありますね。脳みそが動いていなかった。

とはいえ、この時に発見したのが、後継ぎの問題を1つのブロックとして構築すると、映画としてもう1つ深みが出るということです。

もともとは、「おもしろい話だけど、もしかしたら映画にははまらないかもしれな

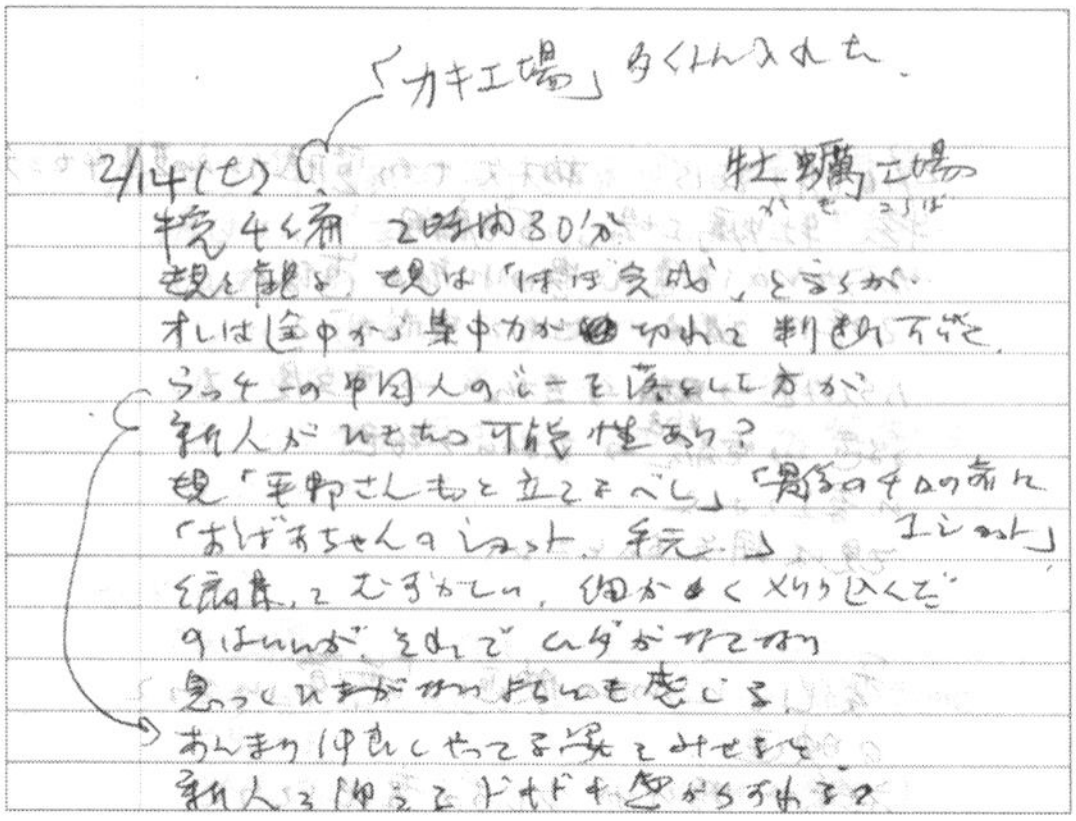

2015年2月14日の日記

いなぁ」と思っていたシーンがありました。

中丸水産の大柄なお父さんの場面です。「工場を息子に譲りたいんだけど、自分が65になるまでは、正式には譲れない。なぜかというと贈与税を払わないといけないから」と言っていた場面です。彼が「以前は牡蠣工場も15〜20経営体あったのに、今は6経営体に減ってしまった」と。「サラリーマンが漁師になるよりも、漁師の息子が漁師になったほうが、仕事を覚えるのも早いと思うんだけどな」という話をするシーン。

あの場面を撮っていた時には、すごいキャラクターの人だなぁと思って、ちょっと興奮しました。息子のトモちゃんと体格も顔もそっくりだし。ただ、おもしろいなぁとは思っ

中丸水産のお父さん

ていたんですけど、どんなふうに映画にはまるかはまったく見当もつかなかった。

ところが、彼のシーンの直後に、平野さんの息子さんが「工場を継ぐ気はまったくなかった」と言うシーンをつなげて、その直後に渡邊さんが「就職難て言うけど、仕事、こんなにいっぱいあるんですけどね。3Kだから日本の若い人は来ない」と言うシーンをつなげる。

あの3つを並べると、突然、ひとつの構造が見えてくるんですよね。それに気がついた。あれは発見でした。編集中に発見したことですね。あれこれ場面の順番を入れ替えていたら、偶然、あの3つが並んでいたんです。並んでいたら「あ」っていう。

渡邊さんは、「3Kなのに、なぜ自分は牡蠣をやっているのか」と僕に聞かれると、「家業だったから。でも、おもしろいですもん、海の仕事」と。両方にたぶん彼の真実があるんだと思います。みんな3Kって言ってるけど、俺はおもしろい、というような。

彼は津波で被害を受けてから、一時東京におられた時期があって、その時のことを、カメラは回っていなかったんですけど、奥さんが「陸にあがった魚みたいになっちゃって」とおっしゃっていて。

だから、渡邊さんとしてはやっぱり漁師を続けられるということは、一度は家業を失っただけに、より貴重に見えるんじゃないかな、と。これは僕の想像ですけど。ずっと続けたままだと、「こんな仕事やってらんねえよ！」って思うようなこともそれはあると思う。でも一回失うと、その貴重さとか楽しさとか、ああ自分にはこれしかなかったんだなという思いとか、きっと発見もあったんじゃないかなというふうに、勝手に想像しています。

3　「何の」映画なのか？

「まだ見ぬ中国人の人たちのために、こんなに投資しちゃって大丈夫かな」

そうやって、少しずついろんなシーンが有機的につながってきて。

2月15日に第5編に取り組んでいて、「2時間25分」と書いてますね。この時点で、だいたい映画の構造は出来上がっている。ここからは細部の変更になります。

2月16日、ハウスを設置するシークエンスのシーンの順番を少し変えています。

「ハウス設置→見学→支払い→電気屋さん」を、

「ハウス設置→電気屋さん→支払い→見学」

に変えてますね。

なぜこの順番を変えたかというと、ハウスを設置した段階だと、このハウスが何に使われるのかというのが、観客にはいまいちはっきりしないんです。搬入されて、「震災の仮設住宅ってこんなだったの？」みたいな話があって、じゃあこのハウス、何に使うの、というのは、たぶん勘がいい観客の人だと、「新しい中国人が入ってくるから、そのためのハウスだろう」とわかると思うんですけど、大多数の人は「何のハウスだろう」と思いながらずっと観ることになってしまう。

最初の編集だと、ハウスを設置した後に他の工場の人たちが見学に来て、支払いが

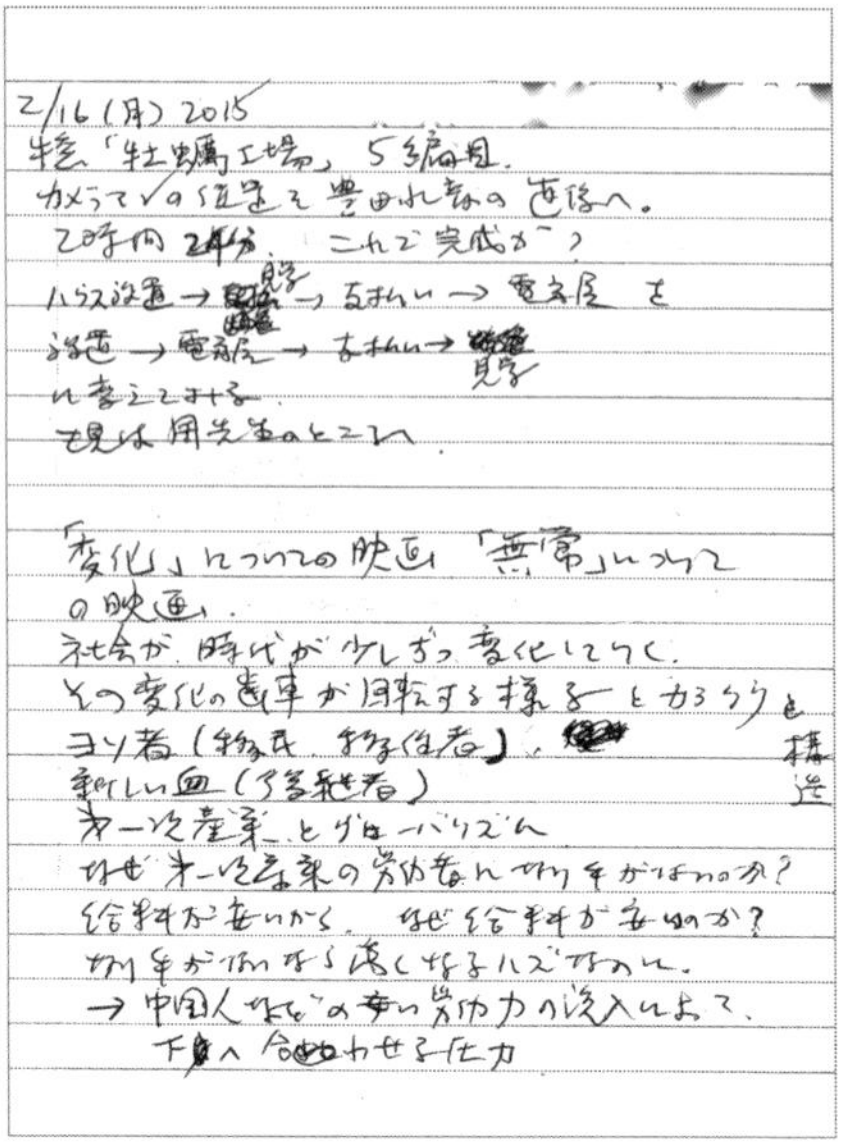

2015年2月16日の日記

ハウスの支払いシーン

済んで、電気屋さんが来て、電気屋さんが「これ、中国人が入るんじゃろ」と言う。あそこで初めて、ああこのハウスは中国人が入ってくるんだ、ということが明確にわかるんですよね。だけど、それだとちょっと遅い。

だから、その電気屋さんのシーンを、ハウスを設置したシーンの直後に入れてみた。そうすると、支払いのシーンでは「中国人の人たちのために大枚はたいて、もう引き返せないんだ」という緊張感が出て、ドラマティックになる。「まだ見ぬ中国人の人たちのために、こんなに投資しちゃって大丈夫かな」と。細かなところですけど、そういうところを最後に調整しています。

「変化についての映画」「無常についての映画」

16日の段階で、「変化についての映画」「無常についての映画」とメモしていますね。「社会が、時代が少しずつ変化していく。その変化の歯車が回転する様子とカラクリと構造」「ヨソ者（移民、移住者）」「新しい血（後継者）」「第一次産業とグローバリズム。なぜ第一次産業の労働者になり手がないのか？　給料が安いから。なぜ給料が安いのか？　なり手がないのなら高くなるハズなのに。↓中国人などの安い労働力の流入によって、下へ合わせる圧力」と書いています。そんなことに気づいたのでしょうね。

2月17日には、「牡蠣工場5編目。細部の変更」「渡邊さんが宮城の牡蠣について話している様子を追加」と書いてあります。

完成版では、渡邊さんが牡蠣の種を売る業者の人に「宮城の養殖業者、どのくらい復活しました？」と聞いて、「全然ですよ」と返される会話の場面がありますよね。あのシーンは最初はなかった。でも、第5編で追加しました。あれが入ると、渡邊さんの気持ちがまだ半分くらいは宮城にあるということがわかるから。

あとは、「中丸水産のオヤジさんがかつて15～20経営体あったと言ったことなど追加」ともあります。最初、あれは入っていなかったんですね。オヤジさんとの他の会話は入っていたんですけど、かつてそれだけ経営体があったと話していた部分はまだ入れてなかった。それを追加しています。

そうすると、牛窓の牡蠣工場の歴史の流れが少し明確になるというか。さっき言っ

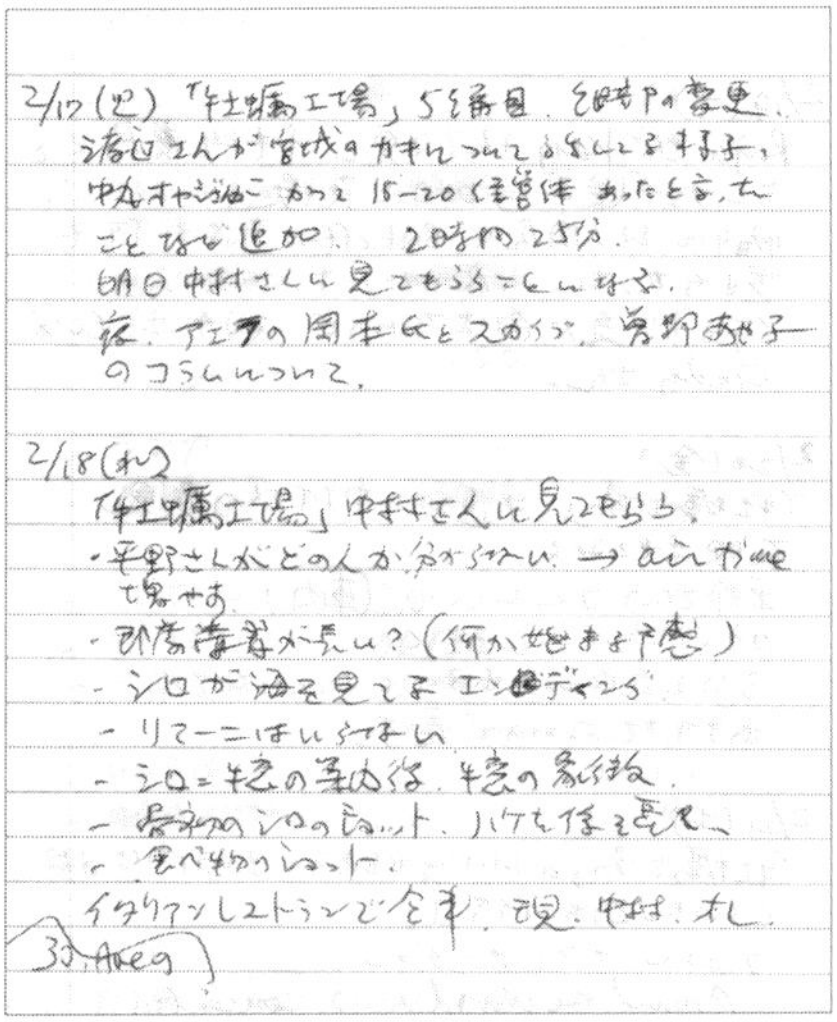
2/17（火）「牡蠣工場」5編目。2時間の変更。
渡辺さんが宮城の方言について話している様子、
中丸オヤジさんがかつて15–20経営体あったと言ったことなど追加。 2時間25分。
明日中村さんに見てもらうことになる。
夜、アエラの岡本氏とスカイプ。曽野綾子のコラムについて。

2/18（水）
「牡蠣工場」中村さんに見てもらう。
・平野さんがどの人か分からない →
・外国人労働者が長い？（何か始まる予感）
・シロが海を見てるエンディングで
・リマーニはいらない
・シロ＝牛窓の案内役。牛窓の象徴。
・最初のシロのショット。
・食べ物のショット。
イタリアンレストランで会食。規・中村・私。

2015年2月17日～18日の日記

たような、なり手がないからどんどん縮小していて、そこに外から労働者が入ってくるというような構図が、少し明確になるから、そのセリフを追加したんですね。で、2月18日には、あの中村さんです。中村英雄さんに一度観てもらってますね。『ニューヨーカーズ』を立ち上げた、あの中村さんです。彼に観てもらって、その反応から、「だいたいこれでいけてるな」という感触を持ちました。

中村さんには、これまでの作品も毎回観てもらってるんですよ。『Peace』がまだ『平和と共存』というタイトルの時に、「なんか、タイトルが硬いなあ。『Peace』のほうがいいんじゃないの?」と提案してくれたこともある。今もニューヨークに住んでおられます。

感覚と論理の両方を使わないといけない

Twitter 20150217

牛窓で撮った映画1本目の第5編(原稿で言えば第5稿)ができたので、観てみた。面白い。ちゃんと映画になっとる! 2時間24分。プロデューサー的な視点からするともっと短くしたいところだが、監督的な視点からはもう削れないような気がする。

映画の編集には必ず論理的思考と構成力が必要なのだが、それだけではどうにもならない。なぜこのショットとこのショットをつなぐとスムーズなのに、このショットとあのショットではダメなのか？　は論理ではなく感覚。実際につないでみないと分からない。

それにしても編集作業、投稿を確認すると、たった6日前にはドツボにはまってて「出口はどこだ～」とかつぶやいていたのが信じられん。奇跡的にするりと抜け出したなw。

編集中のシークエンスに滞る部分があり、「あれ？　もしかしてシーンAが流れを邪魔してる？」と疑われる場合がある。でもシーンAが面白い場合、カットするのは身を切るように辛い。ところが試しにカットしてみてシークエンスがうまく流れ出すと、シーンAに対する執着は雲散霧消してしまう。不思議だ。

さっき言ったような、服部水産のお兄ちゃんがなぜはまらないのか、というのは、もう本当に感覚の問題なんですよね。だから感覚と論理の両方を使わないといけない。両方を使わないとうまくいかないんです。

論理的にはいけるはずなのに、それがあるとすごい邪魔だとか、なんか変になるというような時もあるので、そういう時に無理やりそこに入れてはだめだということですね。何かがおかしいということです。

自分には与り知らぬ邪魔の仕方をしている

そしてやはり、気に入っているシーンをカットするのは難しい。切ってみてそれがうまくいっていると、「ああ、やっぱり切って正解だったな」というふうに断言できちゃうわけなんですけど、切る前は絶対に切っちゃだめな気がしてしまうんです。「絶対いるじゃん、切れるわけないじゃん」というふうに。だから最後の最後まで残しているわけなんですけど。

「切ったほうがいいかもしれないけど、切れるわけないじゃん」というシーンをカットする時は、最初は、暫定的にカットしてみるのがいいですね。「嫌ならまた戻せばいいんだから」と自分に言い聞かせながらやると、うまくいく。「一度切ったら永遠になくなっちゃう」って思うと、切れなくなっちゃう。切ってみて映画が良くなれば、もうそれでいいわけですし、たまに「やっぱり切っちゃだめだな」ということがわかる時もあるので、そういう時はまた戻せばいいんですよね。

ツイッターでも書いたのですが、デンマークのラース・フォン・トリアーというけっこう好きな映画監督がいて、彼の映画の編集をしたモリー・マーリーン・ステンスガードというエディターが、トリアーと編集をするときの合言葉は“Don't discuss, just try!”だと言っていました。「議論するより、やってみろ」と。

この言葉、すごく役立つので、編集が行き詰まった時には思い出すようにしています。本当にそうなので。どうしても自分の頭の中で、議論し始めてしまうんですよ。「これこれこうだから、このシーンは絶対にいる」とか「これこれこうで、ああだから、いらない」とか。頭の中で堂々巡りが始まっちゃう。

あと規与子とも、ついつい議論になってしまったりするんですね。でもその議論は本当に無駄で。編集を実際にやってみれば一目瞭然なんです。だから今回カットしたくなかったシーンをカットできて、しかもそれがカットしてよかったなと思えたのは、まさにトリアーたちの合言葉を思い出したからです。

今までの映画でも、かなり最終段階で何かをカットすることによって、映画の構造がはっきりと見えるようになる、ということはありました。何かを加えるよりも、たぶんカットすることのほうが、インパクトがある。加えるよりも引くほうが、ブレイクスルーは生まれやすい気はしますね。

何かが邪魔をするんですよね。それがよくわからないからカットできないのですが、カットしてみるとうまくいく。なんというか、自分には与《あずか》り知らぬ邪魔の仕方をしているんです。だから、それをカットできると、ブレイクスルーが起きる。理由はよくわかんないけど、とにかくこれでいいんだという感覚です。

4　被写体には観せるのか？

いくつかの塊のようなものをつくって、その間を埋めていく

第1編をつくる時というのは、最初は本当に気になるシーンからつくっていくんです。『牡蠣工場』でいちばん最初に編集してみたのは、内田さんが「うちの中国人、1人国に帰っちゃった」と言って、渡邊さんが「えっ!?」と驚いて、という一連の場面です。

渡邊さんが「異国に来るのは大変でしょうけど、それなりの覚悟をして来たんでしょうから……」みたいな話をして自分の話にもなっていくという、一連のところを、最初つないでみた。あのシーンがうまく撮れているかどうかというのは、すごく気になっていたので。映画の中でも重要なシーンというのが、やっぱりあるんですよね。そのシーンがうまくいっているかどうかによって、映画として観ごたえが出てくるかどうかが決まってくる。

あとは、新しい中国人の2人が牡蠣工場に到着して、みんなの手伝いをするところ。全身を目と耳にして、チリトリをとって一生懸命に手伝う、わけわからないのに

とにかく手伝うというシーン。

あのあたりも最初のほうに編集したと記憶しています。つないだ時にどんな感じがするかというのが気になる。そのシーンがうまくいっていれば、あとは「そのシーンが引き立つためには、周りに何を配置すべきか」ということを考え始めることができる。

たとえば内田さんのシーンも、いきなり「中国人が帰っちゃった」という話で入っても、観客はたぶん話についていけないと思うんですね。

だからその前に、少しだけ中国人の人たちが働いているところを観せておく必要がある。豊田水産に牡蠣むきをしている中国人の人がいて、「ここに住んでいるんだよ」っておじさんが見せるようなシーンを、内田さんのシーンの前に置いておく。平野さんが1日の仕事を終えて帰る時に「この人たちはチャイナ」という話をし始めるシーンもそうですね。これらのシーンを内田さんの場面の前に入れておかないと、観客は心の準備ができない。

頭から順番につくっていくというよりは、いくつかの塊《かたまり》のようなものをつくって、その間を埋めていくわけですね。

内田さん（左）と渡邊さん（右）

ただ、やっているとだんだん、映画の出だしとラストをどうしようというのが気になってくるんです。気になってくるので、出だしをつくってみたりとか、ラストをつくってみたりもする。それらがうまくいっていれば、あとはもう中間を埋めていけばいいわけですから、すごく気が楽になります。

その時点でのベストを出しておかないと、観る意味がない

第1編、第2編、第3編……という区切りは、「1回通して観る価値はあるんじゃないか」というくらいの完成度で区切ってますね。いわば、その時のベストです。

1回通して観るのも、最初のうちは3時間半とかあるわけですからね。ある程度編集に自信がないと、わざわざ観ないですよ。これでいけているはずだという、その時点でのベストを出しておかないと、観る意味がないし、時間も無駄になる。

で、観ると、もう打ちひしがれるというか、粉々に自信が破壊されるわけです。今回は第5編までやりましたが、5編で終わったのは、けっこう早い部類かもしれないですね。たしか『選挙』では20編くらいあった気がします。逆に『Peace』はすごく

早かったと思います。

今回は、編集はスルスルいくんじゃないかと思っていたんですけどね。とくに「この映画にはワイちゃんたちを入れず、牡蠣工場だけ」と決めた時には、すごく単純な作業になるはずだと思いました。

だって牡蠣工場があり、そこに新しい中国人が入ってきて、コミュニティが変化していくという、まあ、ひと言でいえばそれだけの話ですからね。とくに今回はそういう時系列もはっきりあるし、それに従って積み重ねていけば、そんなに難しい話ではないというふうに、ちょっと見くびっていたんですけど。やってみたら実際は、さっき言ったように、工場が6軒あって、そのそれぞれが別の経営体だということすら、伝えるのはなかなか難しい。

作家としての独立性も問われることになる

ちなみにこれは、被写体の方々にはまだお観せしていません。

一般に公開する前に被写体の人に観てもらうのって、なんだかお伺いを立てるようで、基本的にやっていないんです。被写体から「この辺をこう直してほしい」と言われて、そのように直すのは、なんというか、作家としての独立性も問われることになる。また、被写体の全員のご要望をお聞きするのも無理でしょうし。だからけっこう微妙なんです。

ときどき、公開前に観てもらうという取り決めを結ぶ時はあります。

たとえば劇作家の平田オリザさんを撮っていた時に、平田さんが、僕に聞いてきたんですよね。僕があらゆる場面を撮っているということに平田さんが気づいた時に「ちょっと聞いておきたいんだけど、これは公開前に一度観せてもらえるものなのか、それはなしなのか、それを知っておきたい」と言われた。「もし自分が観る機会がないというのであれば、やっぱりそれなりに発言にも気を付けないといけないし、振る舞いにも気を付けないといけないから、知っておきたい」とおっしゃった。

これはどうしたらいいのかなと、僕はすっごく考えました。どっちがいいのかと。

平田さんの申し出はフェアだと思うんですね。どちらかを選んでくれという話ですから。すごくよくわかったんで。たしかにそうだなと。で、その時、僕が選んだのは

「観せる」ということでした。「お観せしますす、ですから気にしないで振る舞ってください」と。

だから、『演劇1』『演劇2』の時には、平田さんには約束どおり公開前に観ていただいた。ただ、僕がにらんだとおり、平田さんは「ここを変えてくれ」ということはまったく言わなかった。1カ所だけ、面接に来た人の個人情報が含まれている履歴書が映ったので、そこだけ本人に確認しますと言われて、ご本人がそれは困りますとおっしゃったので、その履歴書のショットを別のものに差し替えただけで。でもそれ以外は、5時間42分、全部そのままなんですよ。

それはやっぱり、なんというか相手にもよるんでしょうけど、平田さんの場合には、きっと僕をつくり手として見てくれて、その部分はすごく尊重してくれるんじゃないかというような信頼感もありました。平田さんも表現者ですからね。そのへん、お互いの信頼感みたいなのは、たぶんあったと思うんです。

いや、もちろん渡邊さんや平野さんのことを信頼していないわけではなくて、人間的にはすごく信頼しているんですけれど、漁師さんたちは表現のプロフェッショナルではないから、表現行為に関する常識には、食い違いがあるかもしれないし。そこはよくわからないんですよね。

だからこれはまあ、みなさんに観ていただくのは、最低限、海外の映画祭が決まって、そこでの上映が済んでからでしょうね。それはもしかしたら、被写体の人からすると納得いかないことかもしれませんが。難しいですね。

※1　**ラース・フォン・トリアー（Lars von Trier、1956〜）**
デンマークの映画監督。『エレメント・オブ・クライム』（84）で長編デビュー。『ダンサー・イン・ザ・ダーク』（00）ではカンヌ国際映画祭最高賞パルム・ドールを受賞。90年代に監督したテレビドラマ「キングダム」シリーズも高く評価された。『ドッグヴィル』（03）、『アンチクライスト』（09）など、物議を醸す「問題作」が多い。

V

第5回取材
〔ロカルノ映画祭招待〕
取材日：2015年7月22日
NYとのスカイプにて

1　映画祭ではどうすれば上映されるのか？

今急いでつくってるから、できたらすぐ送る！

Twitter 20150715

新作『牡蠣工場』（かきこうば、観察映画第6弾、2015年、145分）がロカルノ国際映画祭[※1]へ正式招待決まりました〜！　出来たばかりの映画の公式サイト（英文）で予告編もぜひご覧ください。http://www.oysterfactory.net/

Twitter 20150723

ロカルノ映画祭での『牡蠣工場』上映日程が決定。8／6　16時15分（質疑あり）、8／7午前9時（質疑なし）。2回目の上映時間について「そんな朝早くに観客くるの？」と映画祭に聞いたら、「心配ないです、ここはスイスですから」。思わずヨーデルの歌声とアルプス山脈が脳裏に……。

Twitter 20150805
『牡蠣工場』のワールドプレミア上映のため、ロカルノに着きました。スンバラシイ景色！　空気！　でも暑いな！　と浮かれながらジャケットを脱いで持ち歩いていたら、映画祭の会場のどこかでなんとジャケットを紛失！　しかもそのポケットにはパスポート！

Twitter 20150807
ロカルノでの『牡蠣工場』の2回目にして最後の上映、無事終了！　解放感あり。楽しい昼食&お茶をした後、夕方5時頃ホテルに帰るもまだ日が高く、泳ぎたくなったので近くの湖へ。なんか、ちょっと牛窓っぽい、このあたり。不思議。

映画祭への招待には、まあいろんなケースがあると思うんですけど、今回のロカルノの場合は、以前から僕の作品を追いかけてくれているプログラマーがいてですね。

ときどきメールが来るんです。「新作撮ってる？」とか。

それで、実は牡蠣工場についての映画をつくっているんだ、というようなことをかなり前からメールでやりとりしていて。で、ちょうどロカルノの締切が近づいてきた時に、「あの映画どうなってる？」というメールがあったので、「もしかしたら間に合うかな」と思って、けっこう急いで編集を仕上げて応募したんです。「今急いでつくってるから、できたらすぐ送る！」と言って。

そのプログラマーは、まだ会ったことがないのでよくわからないのですが、選考委員として4、5人のメンバーがおられる中の1人で、フランス人だと思います。オレリー・ゴデさんっていう女性の方なんですけど、彼女は作品を通じて、僕のことはよく知っているという感じですね。今度ロカルノで会えると思います。

すごく喧々諤々やったみたいで

ただ「作品ができたら観せてね」と言われて応募するところまでは第1段階で、選考委員によって選ばれないと招待はされない。そこで何千本という応募作品の中から、選ばれないといけないわけです。

聞くところによると、今回は最初は「コンペティション部門」という、映画祭のいちばんメインになる部門に、僕の映画を推《お》してくれてたみたい。コンペに入れるかどうかということで、最後の最後まで、すごく揉《も》めたらしいです。

僕の場合、けっこう締切近くに応募したので、もうすでにコンペ部門の枠はかなり埋まってしまっていた。決まっていた作品にはドキュメンタリーもすでに何本か入っていたので、今からだとドキュメンタリーは入れにくいという話はあらかじめ聞いていたんです。でも、すごく喧々《けんけん》諤々《がくがく》やったみたいで。

で、最後の最後でやっぱりバランス的に、ドキュメンタリーのこの作品をコンペに入れるのは難しいという結論になったらしくて。オレリーさんからは、「残念ながら今回は上映できないです」という連絡が一度きたんですよ。それで僕はけっこうがっかりしたんですけど、まあでもしょうがないなと思って。そういうものですから。

そうしたら2日後くらいに、もう一回、今度は映画祭のアーティスティック・ディレクター、選考委員のトップであるカルロ・シャトリアンさんから、「コンペ部門では上映できないことになったけど、やっぱりなんとか映画は上映したいから、コンペ外だけどそれでもいいか?」とメールがきたので、「ぜひ、上映してください」と。だから、コンペ外なんですけど、まあでも今まで行ったことのない映画祭だし、歴史も定評もある映画祭なので、喜んでお受けしました。

日本以外の国でも映画作家として作品を世に問うていくということ

映画祭には、映画作家である僕の視点で見ると、いろいろな役割があります。ひとつは日本国内の宣伝や配給のため。嫌な言い方をすると、箔《はく》づけになる。日本国内で「作品を観たい」と思ってもらえる人を増やすというのが、ひとつあります。もうひとつは、海外の市場に対する足がかりですね。その意味では、ロカルノ映画祭というのは決して悪くありません。1946年から始まっている、世界でももっとも歴史ある映画祭のひとつですしね。カンヌやヴェネチアやベルリンなどから比べると、影響力はちょっと劣りますけど、映画関係者の間では非常に注目度の高い映画祭なので、そこで上映されると、世界の映画祭のプログラマーも注目する。

実際、映画祭の作品ラインナップが公表されてから、まだ映画祭は始まっていないのに、もうすでに数カ所の映画祭から「『牡蠣工場』を観せてくれ」というリクエストのメールがきています。あとは、批評家からも「ロカルノに合わせて批評を書きたいからすぐに観せてほしい」というような、そういう問い合わせがきています。

まあ、現実問題として、海外市場でこの映画を売っていくというのは、長い映画だし、かなり難しいと思います。だけど、やっぱり僕のキャリアという観点からすると、日本以外の国でも映画作家として作品を世に問うていくということは、すごく大事なことだと思っている。

自分の、なんというんですかね……まあ切磋琢磨《せっさたくま》のひとつというか。とくに最近ちょっと、これはありがたいことなんですけど、日本では自分が作品を出すとある程度温かい目で見てもらえる。でも、そうじゃないところでも自分の作品を世の中に出していくということは、やめちゃまずいんだろうなという気がしています。

「アー・ユー・クレイジー？」

『牡蠣工場』の2時間25分という尺は、ドキュメンタリー映画としては相当に長い。

国にもよりますが、アメリカでは90分を超えると長いと言われます。ヨーロッパでは
あんまり言われないですけどね。

現実問題、ドキュメンタリーが海外でお金になるとすると、それは劇場公開ではなくて、テレビの放映なんですね。で、テレビで流れる長編ドキュメンタリーのスタンダードは、52分なんです。欧米のテレビでは、52分が普通の「長編ドキュメンタリー」の長さなんですよ。

だからその分野の人たちに『牡蠣工場』は2時間半だとか言うと、「アー・ユー・クレイジー?」とか言われて、ポンって肩を叩かれたり……。呆れられて、笑われちゃう感じで。

まあ、これまでの僕の作品も基本的に長いですけどね。長くないのは『Peace』くらいです。『Peace』は劇場用の75分と、テレビ用の52分バージョンをつくりました。あと『選挙』は52分バージョンをテレビでかけるためにつくりました。52分版、全然気に入ってないんですけど。

今回の『牡蠣工場』を52分にするのは相当きついと思います。今の編集がベストだと思っているし、正直言うと、もう1秒も切れないというところまで厳選しているつ

もりなんです。だからそれをさらに半分以下にするというのは、ほとんど作品を殺すのに近い。

『選挙』の時にそれをやったのは、33カ国の共同制作「民主主義シリーズ」に選ばれたからですね。民主主義に関するドキュメンタリーを世界で同時多発的に10本流すという企画があり、そのラインナップに『選挙』が選ばれて、どうしても長さを統一しなきゃいけないということで、仕方なく自分で切りました。でも、はっきり言うと、作品としては死んでいるというか。ダイジェスト版みたいになってしまったので、全然気に入ってないです。

地図上で言うと「点」みたいなすごく狭いところに深くつっこんでいく

海外に自分の作品を持っていったときに受け入れられるかというのは、毎回心配になるところです。というのも、僕の映画は非常にローカリティの強い作品ですからね。世界地図の中の本当に小さな「点」の部分を見せているので、それが海外の人に理解されるのかどうか、毎回気になることなんです。でも、今のところ、周りのアメリカ人に観てもらったり、映画祭の人たちの反応を見ているかぎり、全然大丈夫そうですね。

僕は常に、地図上でいうと「点」みたいなすごく狭いところに深くつっこんでいくことによって、かえってそこから普遍性が見えてくるということを目指しているわけなんですけど、それはある程度『牡蠣工場』でも成功していて。

自宅の隣に、仲の良いアメリカ人が住んでいます。ウチのアパートの真上の階で1年に2回も火事があって、その時に、機材やパソコンを外に避難させたりするのを手伝ってくれたお兄さんなんですけど。

火事のおかげで、彼と最近けっこう仲良くなっていて、こないだウチに呼んで『牡蠣工場』を観てもらったんですね。いわゆる映画マニアじゃないアメリカ人が観たらどうなるかと思って。そうしたら、全編飽きずに一気に観てくれて、あちらこちらでゲラゲラ笑って、ウケていました。だから、あ、全然大丈夫だなと。

印象的だったのは、たとえば「ウチの中国人が国に帰っちゃったよ」と内田さんがボヤくシーンとか、すごくウケていたんですけど、そういう状況ってアメリカにもあるじゃないですか。外からの労働力に頼らざるを得なくて、働いてもらっているけど嫌がって逃げてしまったという話はいくらでもあるんです。だから、全然そこに理解のバリアはないんですよ。「なんで逃げてしまったの？」という話にはならない。「そりゃ、逃げる人は当然いるだろう」という反応なんです。

だからあらためて、ああ、これはユニバーサルに通じる話なんだなと思いました。牡蠣工場という特殊な世界を描いているけれども、そこから見えるのは決して特殊な話ではない。ロカルノ映画祭のプログラマーの反応からしても、映画のおもしろさはちゃんと伝わっているなと思います。

「自分の責任においてこの作品をつくりました」と宣言したい

渡邊さんたちには、まだ観てもらっていないです。ロカルノで上映されるということは規与子から電話してお伝えして、そうしたらすごく喜んでくださいました。たぶん日本で劇場にご招待して、観ていただくというかたちになるかなと思います。

前回お話ししたみたいに、『演劇1』『演劇2』は事前に平田さんにお観せしましたけど、これまで僕の映画では、基本的にどこかで公式上映があって、その後に出演者に観てもらうというかたちをとってきました。『精神』の時は釜山映画祭で上映された後に、関係者試写会というのをやりました。それから、『Peace』の時も、ワールドプレミアが韓国で行われた後で、規与子の父や母を集めて、ミニ上映会を家でやりました。ああ、でも『選挙』の時はベルリン映画祭への招待が決まった際に、山さんご夫妻が「観たい！」と言ってニューヨークまで押しかけてきたので、仕方なく観てもらいましたね。

被写体に観せるタイミングは、手法にもよるんです。

たとえば、ジャン・ルーシュ[※2]という映画作家がいます。彼の『ある夏の記録』[※3]（1961年）という有名な作品は、その後のドキュメンタリー史に非常に大きな影響を与えた古典と言われています。

『ある夏の記録』では、彼は撮って編集したものを、出演者たちに途中で一回観せてしまう。で、その試写会での反応も全部撮っておいて、本編に組み入れてしまった。これは当時、ものすごく斬新でしたけど、当然、賛否を呼びました。

直近では『アクト・オブ・キリング』や『ルック・オブ・サイレンス』[※4]をつくったジョシュア・オッペンハイマー[※5]監督は、ジャン・ルーシュの影響を受けていると公言していますす。『アクト・オブ・キリング』なんかはまさに、その「被写体に映像を観せる」という行為が肝になっています。そういう映画にとっては、観せるということが、むしろ作品をつくるうえで重要になってくる。観せることが映画の戦略になっているわけですよね。だから、そういう映画にしたいのであれば、僕もそうすると思います。

そういうことをこれからやろうという気も実はあって。観察映画ではないやり方のドキュメンタリーをやってみたいなと。それは、アイデアとして一つ、明確にありますす。

観察映画の場合には、なんというか、「自分の責任においてこの作品をつくりました」と宣言したいところがある。「これが自分の解釈であり、自分が見たものです」ということを、自分の責任において提示したいというような気持ちがありますね。だから、これはまあどっちが正しいということでもなくて、チョイスの問題だとは思うんですけどね。観せるのも場合によってはアリだと思うんですけど、なんでしょうね、観察映画の場合は、なるべくならそのまま世に問いたいんですよ。

ちなみに、映像業界のスタンダードな常識では、被写体に観せるのは一種の禁じ手です。むしろ、「観せてはいけない」とされている。以前、ＴＢＳがオウム真理教の取材をした時に、放送前にオウム関係者に観せたという事件があったでしょう。あれは相手がオウムだったし、結局オウムからの圧力に負けて放送を取りやめてしまったから厳しく批判された側面もありますが、基本的には被写体に観せるのはつくり手の独立性を破壊しかねない行為だとの考えが根強いですね。

※1
ロカルノ国際映画祭
スイス南部、イタリア語圏のティチーノ州ロカルノで、１９４６年から毎年８月に開催されている映画祭。ロカルノの中央広場「ピアッツァ・グランデ」が野外上映スペースとなっており、約８０００人を収容できる。

※2
ジャン・ルーシュ（Jean Rouch、１９１７〜２００４）
フランスの映画監督、文化人類学者。「シネマ・ヴェリテ」と呼ばれるドキュメンタリーの手法の創始者の一人。ヌーヴェル・ヴァーグの作家やドキュメンタリー界に大きな影響を与えた。代表作に『ある夏の記録』（61）。

※3
『ある夏の記録』（１９６１）
哲学者・社会学者であるエドガール・モランと、文化人類学者・映画監督であるジャン・ルーシュが共同監督となりつくられたフランスの長編ドキュメンタリー映画。映画の最後には、登場人物たちに自分たちが映し出された場面を観せて、映画がどこまで「真実」を映し出しているかを議論させている。

※4
『ルック・オブ・サイレンス』（２０１４）
ジョシュア・オッペンハイマー監督による、『アクト・オブ・キリング』の続編。同じ虐殺事件を被害者側の視点から見つめ直したドキュメンタリー。虐殺された男性の弟として生まれた眼鏡技師の青年アディが監督とともに加害者のもとを訪問する。

※5
ジョシュア・オッペンハイマー（Joshua Oppenheimer、１９７４〜）

アメリカの映画監督。ハーバード大学とロンドン芸術大学で映画製作を学んだ後、１９９５年から２００８年にかけて10本の短編映画を製作。２０１２年、初の長編となるドキュメンタリー映画『アクト・オブ・キリング』を発表。２０１４年には続編『ルック・オブ・サイレンス』を発表し、ヴェネチア国際映画祭で５つの賞を受賞した。

《コラム》

ロカルノから見える日本の風景

新作ドキュメンタリー映画『牡蠣工場《かきこうば》』(2015年、145分)がスイスのロカルノ国際映画祭から正式招待を受けたので、現地でのワールドプレミア上映に出席した。

ロカルノ映画祭は、1946年から続く老舗《しにせ》の祭典である。アルプス山脈の谷間にあるロカルノの人口は普段約1万5000人に満たないが、毎年約16万人の観客と1000人のジャーナリスト、3000人の映画関係者を集める。世界でも指折りの国際映画祭である。

僕は今回初めて参加したのだが、ヨーロッパの「街の底力」をあらためて見せつけられた思いである。

その「力」の源泉は、なんといっても古いものを温存しつつ、うまく利用した街づくりであろう。路地の多い昔ながらの街並みは、自動車の通行のために区画整理されたりせずにそのまま残されている。そのため街では車が大きな顔をせず、歩行者が闊歩《かっぽ》し、小さなお店やレストランが元気よく営業している。大資本のチェーン店は目立たない。路線バスは夜の12時まで動いている。人口規模を考えれば驚異的である。

街の中心部には、8世紀につくられた「グランデ広場（ピアッツァ・グランデ）」がある。映画祭の最大の呼び物は、この広場での野外上映だ。巨大なスクリーンが張られ、星空の下で最大8000人（！）もの観客が一堂に会して映画を楽しむことができる。

広場には多くのレストランやお店、アパートが面しているが、驚いたのは、映画が始まる時間になると一斉に電気や街灯が消されて、真っ暗になることだ。あれだけの数の商店やアパートがあれば、誰か1人くらい「俺は電気を消さん」とダダをこねてもよさそうなものだが、よく誰も文句を言わないものだ。その事実1つとってみても、「この街の人はみんな映画と映画祭を愛しているのだなあ」と感じられて、なんだか感動してしまうのである。

その一方で、どことなく暗澹《あんたん》たる気持ちになるのは、祖国日本との差があまりにも激しいからであろう。

ここ20年くらいだろうか、日本の中小都市の荒廃には目を覆いたくなるものがある。駐車場の乏しい旧市街のお店には軒並みシャッターが降り、ゴーストタウンのようになっている。市街から離れたところには、必ずといってよいほど広いバイパスが通り、判で押したような大型チェーン店やモールが並ぶ。車の列は嫌というほど見かけるが、街を歩いている人はほとんどいない。路線バスなどは廃止されているか、風前の灯《ともしび》である（人口15万人のわが故郷足利市でもそうだ）。人々は車と道路によって分断され、街は他者に出会う機会を提供しない。街が街でなくなりつつあるのである。

映画『牡蠣工場』の舞台となった岡山県瀬戸内市の牛窓は、たぶんもともとはロカルノのような街だった。『万葉集』にも詠まれた由緒ある街・牛窓は、かつて朝鮮通信使や参観交代の行列が宿場として選ぶほど、栄えていた。街並みは古く、伝統文化も驚くほど豊かだ。ロカルノには湖があるが、牛窓には瀬戸内海がある。そんなところまで似ている。

だが、戦後の日本が自動車を基幹産業と定め、全国津々浦々に高速道路やバイパスを通し、森や山や田畑を破壊して住宅地にしていく中、牛窓はおそらく、そうした「近代化」から取り残された。牛窓の中心部には細い路地が張り巡らされ、いちばん広い道路でも車がやっと1台通れるくらいの幅なのだが、そうした僕に言わせれば魅力的な特色が、大多数の人からは「車で行きにくい」「交通の便が悪い」と切って捨てられたのである。

最近の牛窓では勤労世代の流出が止まらず、急激な過疎化が深刻化している。『牡蠣工場』では、牡蠣むきのための働き手がいよいよ足りなくなって、中国から労働者を呼び寄せる様子を映し出しているのだが、それもロカルノとは対照的である。ロカルノは物価も高いが労働条件も良く、最低でも月30万円くらいの収入が保証されるそうで、フランスなどからも労働者が好んで働きにやってくる。働き手の流出どころか流入が起きているのである。

ロカルノと牛窓。どちらも歴史ある風光明媚《ふうこうめいび》で魅力的な街なのに、いったいなんでこうも違ってしまったのだろうか。『牡蠣工場』の上映に立ち会い、観客たちの反応を眺めながら、そんなことをつらつらと考えざるを得なかった。

＊＊＊

映画祭での全日程を終え、ほっと一息つきながらスマホをたぐりよせると、気の滅入るようなニュースが目に入った。鹿児島県の薩摩川内市にある川内《せんだい》原発が再稼働されたのである。

周知のとおり、夏場でも電力は足りている。

再稼働の決定的な理由は「経済」である。

新聞記事では、地元で民宿を営む人の安堵の声が紹介されている。民宿の7割の客は、原発関係者なのだそうだ。それが原発とともに生きてきた地域の人々の本音なのだろう。そのことを責めるつもりはない。

原発推進派からは、「地方には人口が少なくこれといった産業がないのだから、原発を動かすより仕方がないのだ」という声も聞かれる。

しかし、である。

薩摩川内市の人口は、約9万6000人である。ロカルノの6倍以上の人口だ。そんな大きな街が、事故になれば街そのものを消滅させかねない原発という魔物に頼らないと経済が回っていかない。なんだかおかしくないだろうか。

もちろんその「おかしさ」は、一朝一夕に生じたものではない。きっと日本の近代化と「街」の破壊とともに、戦後を通じてゆっくりとジワジワと進行してきた変化の帰結なのだろう。だから福島で原発事故が起きたからといって、今、急に川内で「原発に頼らない経済」ができるはずもない。ドラッグに冒された体が、簡単にはドラッグをやめられないように。そういう意味では、仕方がないのかもしれない。変化には時間が必要だ。

だけど……？

日本という国は、いったいどこでどう進む道を間違えてしまったのだろうか。そして、今からでも方向転換することは本当にできないのであろうか。

ちなみにスイスは福島の事故を受け、２０１１年に早々に段階的脱原発を決めた。今でも５基の原発が稼働中だが、耐用年数がきたら廃炉にし、今後の新設は行わない方針である。遠く離れたスイスの人たちが、事故の教訓を活かせているというのに……。

ニューヨークに帰るため小さなプロペラ機に搭乗し、美しいロカルノとアルプス山脈を眼下にしつつ、僕の頭の中は日本の過去と現在と未来のことで占領されている。

（マガジン９／２０１５・８・19）

ロカルノのグランデ広場

ロカルノ映画祭の野外劇場

あとがき

ミシマ社の編集者・星野友里さんと、フリーライターの松井真平さんに初めてお会いしたのは、２０１３年の夏である。

配給会社の東風《とうふう》を通じて、公開間近の『選挙2』や観察映画についてのインタビューを申し込まれたので、東風の向坪さんと一緒に自由が丘にあるミシマ社へ伺った。映画のキャンペーン取材中は、僕はたいてい東風の一室に缶詰になり、次から次へと訪れるさまざまな媒体のインタビューを1日に何件もこなすものなのだが、なぜかこの時は先方に出向くことになっていた。

ミシマ社は、自由が丘の閑静な住宅街にあった。建物は2階建ての一軒家。畳敷きである。きっと以前は普通の民家だったのだろう。昭和の香りがする。その開放的で木のぬくもりのあるスペースのあちこちに書類や本が積まれ、若くておしゃれな感じの人たちが、にこやかに、だけど静かな雰囲気で仕事をしていた。

そう、にこやかで静か。これが僕のミシマ社の第一印象であり、星野さんや松井さんの今でも変わらぬ印象である。

僕には、にこやかだが声の大きい、がやがやした感じの友だちならいっぱいいる。なぜなら僕がそうだからであろう。そういう意味では、ミシマ社で出会った人たちは、今までの僕の人間関係からすると、ちょっと新しいタイプの人々である。

しかし、僕は彼らに1秒くらいでなじんだ。柔らかな香りのするハーブティーが、身体全体にスーッと気持ちよく浸透していくがごとくに。

そのインタビューは果たして、とても心地よく進んだ。映画についての取材ともなると、普段は何度も同じ話をすることになるので、途中からどうしても僕の中から新鮮さが失われてしまうのだが、不思議なことにこの時はそうならなかった。質問が紋切り型ではないので、思考が刺激されたのだろう。僕の脳みそが好調だったのは、べつにインタビュー中に出していただいた、美味しい仕出し弁当のためだけではあるまい（あれ、美味かったなあ）。

いずれにせよ、僕は星野さんや松井さんとこれからも仕事をしたいなあと、半ば衝動的に思った。それでインタビューが終わった頃に、唐突に「僕の本、一緒につくりませんか」などと提案をしてしまった。

初めて会ったばかりなのに、厚かましい提案である。しかしちょうどその時、僕には具体的な本の構想があったのだ。だからつい、口から出てしまった。それに星野さんや松井さんには、そういうことを言いやすい雰囲気があったのである。

しかし、お2人は乗ってくださった。それでこの本の企画が動き出した。

いや、当初動き出したのは、この本の企画ではなかった。僕が提案したのは、もっと確実に本になりそうな、いわば安全な企画だった。

だが、その話を具体的に進めるうちに、お2人はだんだん、もっと別のことをやりたいと言い出した。

「想田さんが新作映画をつくるのなら、その過程を本にしたい」

そう、言い始めた。着地点が見えている安全な企画よりも、冒険がしてみたい。彼らの提案は、そういう趣旨だと理解した。

僕はそれを聞いて、彼らの意気込みにうれしくなると同時に、正直、不安になった。

だってそうだろう。僕にはその時点で、具体的な新作映画の企画がなかった。だから、もしかしたらミシマ社と本を出すという企画は、立ち消えになるのではないか……。

しかし、僕が新作を撮る機会は、思ったよりも早く巡ってきた。2013年の10月と12月、日本や中国に行く用事ができたのだが、そうすると11月がぽっかりと空いてしまう。その期間を利用して、牛窓の漁師さんの映画を撮れないか。そう、思ったのである。

そのことを星野さんたちに告げると、11月2日、さっそく2人でインタビューにやってきた。場所は『精神』の上映があった世田谷美術館。僕はその日に岡山へ発つ予定にしていた。そしてこれから撮る映画について、あれこれしゃべった。それが本書の「第1回取材」になった。

とはいえ、僕はこの時点でもまだこの本の未来については半信半疑であった。なにしろ、これから撮る映画が映画として成立するかどうかもわからないのである。だから僕はその気持ちを正直に伝えた。

「でも、いいんですか、こういうインタビューに時間を割《さ》いていただいて。僕の映画、もしかしたら完成しないかもしれないんですよ。だとすると、せっかくお骨折りいただいても、本はできないかもしれない。お2人に話を聞いていただくのは、僕はうれしいですけど、確証の持てない話に付き合っていただくのは、なんだか申し訳なくて」

実は、僕の映画づくりの過程を取材させてほしいという申し出は、今までにもテレビ・ドキュメンタリーの制作者などから何度か受けていた。しかし、僕が「僕の映画、いつ撮影が始まるかもわからないし、撮影が始まっても、もしかしたら完成しないかもしれないんですよ。それでもいいんですか」と念押しすると、だいたいはそこで怯《ひる》み、話は立ち消えになった。

彼らはたぶん、台本も予定もない観察映画のつくり方に共感して、取材の申し出をしてくださったのだろう。しかし、自分たちが観察映画のごとく台本も予定もなく舟を漕《こ》ぎだすことには、やはり躊躇《ちゅうちょ》した。時間的・予算的制約の強いテレビの現場では、たぶんそういう余裕もなかった。

だからミシマ社の人たちが僕の「念押し」に怯んだとしても、僕は驚かなかった。ところが、星野さんたちには全然怯む様子がなかった。むしろ、目的地のない旅に出ることを、おもしろがっているようだった。あの、にこやかで、静かな雰囲気をたたえながら。

「ああ、この人たちは、僕のやろうとしていることを、マジでやろうとしている！」

同志に巡り会えたような気分だった。

そこからは話は早かった。

星野さんは僕のツイッターを読んでいるのか、いつも僕のだいたいの予定や状況を把握していて（編集者の鑑《かがみ》である）、絶妙なタイミングで「そろそろ、次の取材、やりませんか」とメールを送ってくる。僕は渡りに船とばかりに、取材に応えて心の内を吐き出す。この繰り返しで、本書は出来上がっていったのである。

今、自分のインタビューを読み返してみると、なんだか不思議な感じがする。いつもは作品が完成してからしかインタビューを受けないので、作品をつくりながらそれについて語るという経験をしたことがない。だから辻褄《つじつま》の合わないことや、後で覆《くつがえ》されるようなことも、平気で口にしている。それが恥ずかしくもあり、おもしろくもあり、発見でもあり。

観察映画を観察するという、星野さんたちの「野望」は、見事に達成されたと言えるのではないだろうか。

先の見えない旅路に、2年半もお付き合いいただきまして、本当にありがとうございました。

２０１５年11月　想田和弘

編集後記

想田監督が今回カメラを回していたのは3週間足らず、舞台も岡山ののどかな海辺の1㎞メートル圏内だけでした。

ところが、完成した映画を観てみると、そこには驚くほどに、世界の事情が映りこんでいます。グローバリズム、高齢化、震災の影響、第一次産業の苦境、就職難と後継者の問題……。

「観察」することで、見えていなかったものが見えてくること。想田監督は「ファインドアウトする」「観察眼が起動する」「他人事ではなくなる」といった言い方をされます。それはおそらく、観察映画にかぎらず、私たちが地に足をつけて現代を生きていくうえで、大切な何かである気がしてきたのでした。

本書を通して監督の「ファインドアウト」を追体験いただけたなら、とても嬉しく思います。

観察する男

映画を一本撮るときに、監督が考えること

二〇一六年二月二日　初版第一刷発行

著　者　想田和弘
編　者　ミシマ社
発行者　三島邦弘
発行所　㈱ミシマ社
〒一五二－〇〇三五　東京都目黒区自由が丘二－六－一三
電　話　〇三（三七二四）五六一六
FAX　〇三（三七二四）五六一八
Eメール　hatena@mishimasha.com
URL　http://www.mishimasha.com/
振　替　〇〇一六〇－一－三七二九七六

ブックデザイン　尾原史和、渡辺和音、児島彩（SOUP DESIGN）
印刷・製本　㈱シナノ
組版　㈲エヴリ・シンク

ISBN 978-4-903908-73-1

想田和弘（そうだ・かずひろ）

1970年栃木県足利市生まれ。東京大学文学部卒。スクール・オブ・ビジュアル・アーツ卒。93年からニューヨーク在住。映画作家。台本やナレーション、BGM等を排した、自ら「観察映画」と呼ぶドキュメンタリーの方法を提唱・実践。監督作品に『選挙』『精神』『Peace』『演劇1』『演劇2』『選挙2』があり、国際映画祭などでの受賞多数。著書に『なぜ僕はドキュメンタリーを撮るのか』（講談社現代新書）、『熱狂なきファシズム』（河出書房新社）、『カメラを持て、町へ出よう』（集英社インターナショナル）など。

本書は、想田和弘監督への取材記録に、
以下のコラムを加え、再構成したものです。
p.86「牛窓、台湾、秘密保護法案」
p.238「ロカルノから見える日本の風景」
初出：マガジン9（http://www.magazine9.jp/）